精神障害者の経済的支援ガイドブック

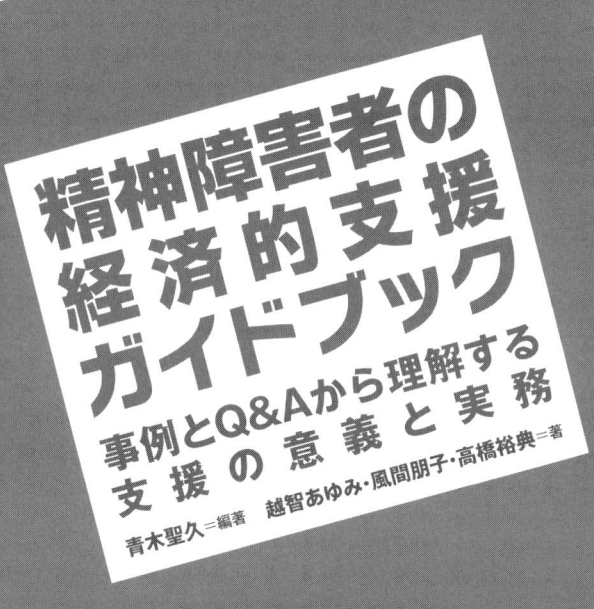

事例とQ&Aから理解する支援の意義と実務

青木聖久=編著　越智あゆみ・風間朋子・髙橋裕典=著

中央法規

はじめに

　精神障害者はなぜ、経済的支援を必要とするのでしょうか。それは、その障害特性によって就労が制限されやすいからです。精神障害者には多くの場合、「思考障害」があり、日々の活動で、臨機応変な対応が苦手な傾向にあります。隣近所の人々や職場の同僚や上司とのやりとりなどのなかで機転の利いた行動(世間話、仕事の計画のとっさの変更等)が難しくなるのです。これを、「コミュニケーション障害」ということもあります。例えば、仕事をしている人の場合、休憩時間がつらいという人が思いの外多くいます。精神障害は、継続的な社会活動、とりわけ、就労に影響を及ぼすのです。

　結果的に、精神障害者は、経済的に厳しい状況におかれやすくなります。精神障害者は、さぼっているのではなく、障害特性から、就労制限を受けやすくなり、経済的支援の必要性が高まる、ということなのです。これは大事な視点です。

　では、そのような状況におかれている精神障害者は、当たり前のように経済的支援へつながっているのでしょうか。答えは「NO」と言わざるを得ません。それには、いくつかの理由が考えられますが、詳細は、第1章に譲ります。ですが、あえて1点だけ言うならば、「知る」ということの難しさです。では、「知る」とは何でしょうか。それが次の「5W3H」です。障害年金を例に説明します。

- Why 　　　「なぜ、私は障害年金を受給できるのでしょうか」
- What 　　 「障害年金とは何ですか。また、受給要件とは何ですか」
- Who 　　　「誰が受給できるのでしょうか」
- Where 　　「どこの窓口に行って、手続きをすればよいのですか」
- When 　　 「いつから請求ができ、いつから受給できるのですか」
- How many 「どれくらいの期間まで遡及して受給できるのですか」
- How much 「いくらくらいの額が、受給できるのですか」
- How was 　「障害年金を受給するって、どんな感じなのでしょうか」

最近は、インターネットの普及等もあり、精神障害者が利用できる制度についてある程度知っている人はいるかもしれません。ところが、いざ、具体的に制度にアクセスしようとすると、「どこに行けばいいのでしょうか：Where」ととまどうのです。また、そもそも、「自分は、なぜ、この制度を使うことができるのですか・許されるのですか：Why」、という制度の理念や目的を納得できないと、制度を利用する気になれません。さらに、「経済的支援を受けた暮らし方がイメージできないので、請求に向けた第一歩が踏み出せません」というのは、人として当たり前の気持ちだといえるでしょう。そのようなとき、最後の「How was：この制度を利用するってどんな感じ」かがわかれば、制度が随分身近なものになることでしょう。

　以上から、本書は、精神障害のある方々の経済的支援に、「今日から役立つ」ことを目指して作成しました。また、対象は、「精神障害者を支える人」としています。すなわち、支援者です。その支援者には、精神保健福祉士（PSW）、社会福祉士、保健師、介護福祉士、ケアマネジャーというような社会福祉専門職はもとより、医師、看護師、作業療法士、さらには、社会保険労務士、司法書士、保護観察官等、広い範囲の専門職を想定しています。さらに、ピアサポートという関係にある精神障害のある仲間、家族、民生・児童委員、行政機関や福祉施設の事務職員等も大切な支援者として考えています。

　執筆陣には、精神保健福祉の研究者として新進気鋭の風間朋子先生、越智あゆみ先生、さらには、障害年金を専門とする社会保険労務士として高名な高橋裕典先生に加わっていただきました。そして、本書が実践に役立つようにと、様々なアイディアを出し、編集してくださったのが中央法規出版の小宮章氏であり、常に我々を見守ってくださったのが同社の松下寿氏です。併せてお礼を申し上げます。

　2015年6月

執筆者を代表して　　青木　聖久

本書の構成と活用の仕方

　本書は、第1章から第4章の4章立てとなっています。まず、第1章は、「精神障害者の暮らしと経済的支援」というタイトルで、精神障害者の暮らしにおける経済的支援の果たす機能や役割について、わかりやすく論じています。また、本書に収載しているすべての制度を掲載したオリジナルの図を作成して、精神障害者の暮らしにおける各々の制度の位置づけや、制度間の関係が理解できるように努めています。いわば、本書全体の総論部分として位置づけています。したがって、まずは第1章をお読みいただくことによって、「制度の理解」から、「精神障害者の暮らしを支えるための制度の理解」というように、脳裏に精神障害者の生活をイメージしながら、本書を読み進めることができます。

　第2章は、「知っておきたい経済的な支援施策の仕組み」として、11の制度について、「はじめに」で述べているように、「5W3H」を意識して、制度の具体的な活用方法を中心に解説しています。第3章は、「経済的支援をよりよく実践するためのQ＆A」というタイトルで、障害年金と生活保護を中心にした50項目のQ＆Aを収載しています。また、全体の章がつながるように、それぞれに該当頁を記しています。まず、第2章を通して読んで、制度の内容を理解していただければと思います。また、第2章を中心にコラムとして、制度を実際に利用した精神障害者の声や他障害との比較、実務上の留意点、制度の問題点等を紹介し、各々の制度について、視点を変えて眺めるような試みをしています。そのうえで、第3章のQ＆Aでは、制度の具体的な活用方法を実際的に知っていただくことを目指します。

　そして、最後の第4章は、「経済的支援を通して変化し成長を遂げる支援者」として、支援者が経済的支援に取り組む事例を取り上げています。読者のみなさんが、第1章から第3章で学んだ知識を通して、具体的な支援を展開するといかなるものになるのか、事例として提示しています。ただし、ここは、よくありがちな、「利用者のAさんに対して、B機関のCという専門職と連携して、Dという制度を提供しました」という、単なる制度活用を紹介した内容ではありません。支援者が、どのようなジレンマや葛藤を抱えながら、制度活用をしたのかについて、支援者自

1 障害年金制度の理解

1. 制度の趣旨・目的

　公的年金には、老齢年金や遺族年金のほかに、障害年金があります。障害年金は、「老齢年金が支給されるまでの現役時代のリスクカバー」として位置づけられる年金給付です。また、特別障害給付金制度が2005(平成17)年に施行されています。これら障害に関する給付は、使い道が限定されない貴重な現金給付です。治療費や生活費として使うことができます。また、就労による収入と組み合わせることにより、生活の自立を促す効果が期待できます。

2. 実施機関(窓口)

　全国の年金事務所または「街角の年金相談センター」(199頁参照)で、相談・手続きができます。なお、20歳前障害、国民年金第1号被保険者期間中に初診日がある場合、または特別障害給付金は、住所地の市区町村の担当課(国民年金課など)でも相談・手続きが可能です。

3. 障害年金の原則と概要

　障害認定日(初診日から起算して1年6か月を経過した日又はそれまでに症状が固定して治療の効果が期待できなくなった日。20歳前障害の障害認定日は原則として20歳到達日)において、一定の障害状態に該当した場合に支給されます。主な支給パターンは図2-1及びQ4:100頁を参照してください。

4. 障害年金の受給3要件の概要

　障害年金は、❶初診日要件、❷障害等級要件、❸保険料納付要件の3つが満たされたときに支給されます(表2-1)。

5. 特別障害給付金制度の概要

　国民年金に任意加入できるのにしなかった期間(昭和61年3月以前のサラリーマンの妻や平成3年3月以前の20歳以上の学生など)に初診日がある傷病で障害状態(障害等級1級又は2級)に該当した人が65歳到達日の前日までに請求した場合に支給される給付金です(所得制限あり)。

6. 支給額

第2章

知っておきたい
経済的な支援施策の仕組み

COLUMN

当事者が語る、障害年金受給前後の暮らしの変化

　Aさんは、有名大学を卒業後、単身で、企業の研究員をしているときに精神疾患を発症し、しばらくして退職しました。その後、実家に戻り、昼間は図書館や公共施設に通うことにしたそうです。ところが症状もあり、集中して本を読めることは少なかったといいます。また、図書館にいるときも、孤立感による不安が大きかったようです。Aさんはその当時、❶「病気がひどい時は、壁の向こうから自分の悪口が聞こえてくるような感じだった」、❷「家に昼間いることが苦痛だった」、❸「経済的なことがつらかった」と、3つのことが悪循環して苦しかったと振り返ります。

　一方、姉が障害年金の存在を知ったものの、実際に支援してくれる人にはなかなかめぐりあうことができませんでした。それでも必死に奔走したことが地域活動支援センターにつながり、障害年金の受給に至ったそうです。その結果、Aさんは、「この場（地域活動支援センター）に、安心していられる」、「障害年金を通して、生活が現実のものになった」と言います。また、障害年金と地域活動支援センター（昼間の居場所）が連動することによって、「精神と身体の調子がよくなりましたね」とも言います。さらに、家族に小遣い等の負担をかけずにすむようになり、昼間、当たり前のように通える場所で、得意のパソコンを使った事業所のニュースの作成によって、安定した日々を過ごせているそうです。そして、Aさんは「障害年金は生活を支えてくれる大きな基盤。今が一番幸せです」と胸を張って語ってくれました。

　すると傍らで、この会話を聞いていたお父さんが、「今の息子を見て、ほっとしています。でも、15年、20年先を考えると、パソコンが使えるような仕事ができたら、と思います」、と言います。さらに、「でも、仮にそのようになって障害年金が支給停止（111頁参照）になったら（発病時のように）無理をして、調子を崩すことになりかねません。できれば、障害年金と仕事とで暮らしていけるのが一番いい。（仕事によって支給停止になれば）多くの障害者の社会貢献の道を閉ざすような気がします」と語りました。障害年金はあくまでも、障害部分に対して支給されるものです。その障害年金が基礎的収入に位置づいた精神障害者の暮らしこそが、あらためて重要だということに気づかされました。

（青木聖久）

支援センター、市区町村の担当課、相談支援事業所等ということになります。精神障害者が、経済保障の制度を利用するには、その前段階として、これらの専門機関や施設、さらには、支援者とつながらなければなりません。ぜひ、精神障害者の暮らしをイメージして、経済保障へのつながり方についても、関心をもつようにしてください。

　また、本書を読み進めるにあたっては、全体像の確認のため、図1-6に何度でも戻ってきてください。

■引用・参考文献
1）　中井久夫（1982）『分裂病と人類』東京大学出版会, 36-37頁
2）　青木聖久（2013）『精神障害者の生活支援――障害年金に着眼した協働的支援』法律文化社, 31頁
3）　中村睦男（2001）「生存権と社会保障制度」『ジュリスト』1192, 127-131頁
4）　精神保健福祉白書編集委員会編（2010）『精神保健福祉白書2011年版』中央法規出版, 132頁
5）　青木聖久（2013）『精神障害者の生活支援――障害年金に着眼した協働的支援』法律文化社, i

第❶章 ▶ 精神障害者の暮らしと経済的支援

保護」です。

　そして、前述の図1-3、図1-4、図1-5を合わせたものが、図1-6です。精神障害者に対する経済的支援にかかわる諸制度を、「社会生活」という視点で、ライフサイクル、疾病や障害に応じた制度活用の流れに沿って、全体像を示しています。次章以降に登場する個々の制度をみる際は、ぜひ、個々の制度が、社会生活のどこに位置づけられるかを照合してください。そうすることによって、関連する制度の理解にもつながります。

　ちなみに、本書では、経済的支援にかかわる制度やサービスを中心に紹介しています。したがって、対象者の範囲や理念等を定めた「児童福祉法」、「障害者基本法」、「精神保健福祉法」、「発達障害者支援法」などに基づく機関等についてはふれていません。しかし、仮に相談機関等を掲載するとすれば、図1-6の円の周辺部分にいくつか示している建物が、児童相談所、保健所、精神保健福祉センター、発達障害者

(図1-6)精神障害者への経済的支援に関する諸制度の全体像

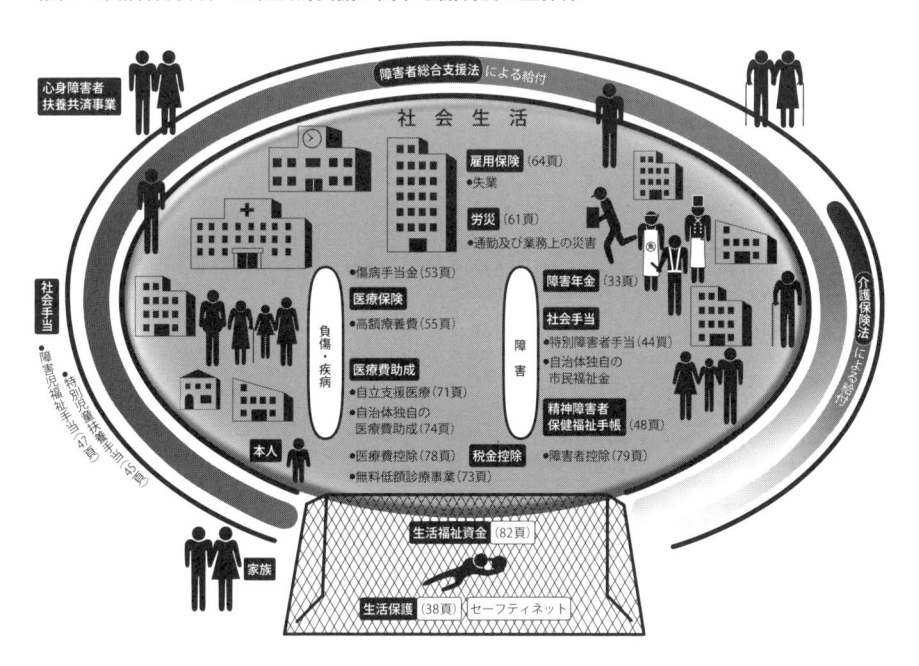

(図1-5)精神障害者が安全かつ安心して暮らすための社会保障

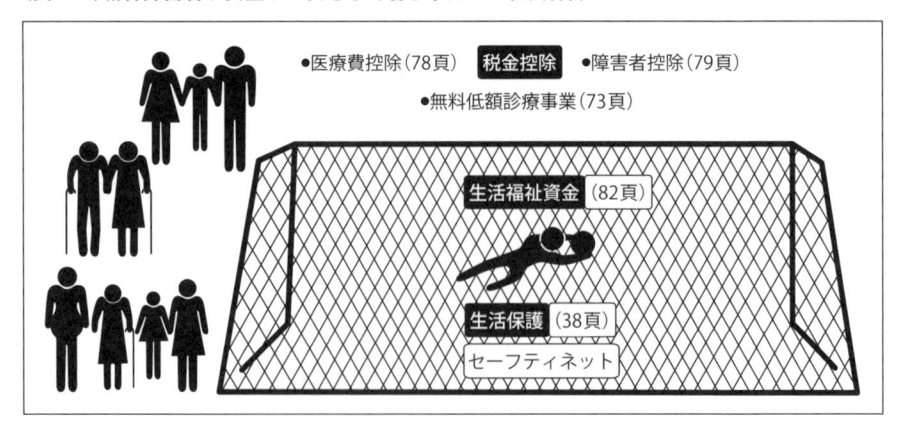

図中ラベル:
- 医療費控除(78頁)
- 税金控除
- 障害者控除(79頁)
- 無料低額診療事業(73頁)
- 生活福祉資金(82頁)
- 生活保護(38頁)
- セーフティネット

3. 生活全体を守るとともに基盤づくりとしての経済保障(図1-5)

■特別な出費を防ぐための社会資源

　精神障害者の経済的支援を考えるとき、2つの考え方があります。1つめは、収入を増やすという意味での所得保障です。

　また、精神障害者は、その生活のしづらさのため、特別な出費が増えます。2つめは、その出費を少しでも軽減できるよう考えることです。そこで、税金が戻ってきたり、負担が少なくなったりする「医療費控除」、「障害者控除」を、利用することができます。

■セーフティネットとしての生活保護

　これまで紹介してきた様々な制度やサービスを使ったとしても、日々の生活が苦しく、たとえ医療費助成の制度を活用したとしても、なかには、自己負担金が支払えずに、医療機関で受診ができない人がいます。そのような場合に利用できるのが、各地で取り組まれている「無料低額診療事業」です。また、一時的に、生活のための資金がなくて、生活を送ることが難しい場合もあります。そのような場合に、貸付を行う事業として、「生活福祉資金」があります。

　さらに、これらの制度を使ったとしても、生活が困難な場合に、セーフティネットの観点から、社会保障制度全体の最後の砦（とりで）として位置づけられているのが「生活

027

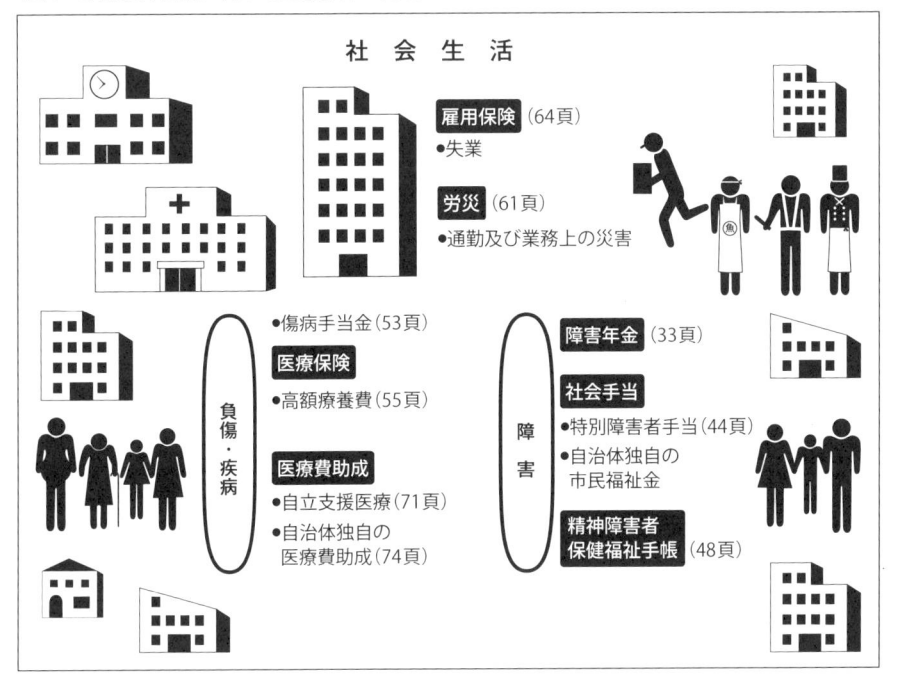

第❶章 ▷ 精神障害者の暮らしと経済的支援

(図1-4) 精神障害者に対する生活保障の諸制度

社 会 生 活

雇用保険 (64頁)
・失業

労災 (61頁)
・通勤及び業務上の災害

負傷・疾病
・傷病手当金 (53頁)
医療保険
・高額療養費 (55頁)
医療費助成
・自立支援医療 (71頁)
・自治体独自の医療費助成 (74頁)

障害
・障害年金 (33頁)
社会手当
・特別障害者手当 (44頁)
・自治体独自の市民福祉金
・精神障害者保健福祉手帳 (48頁)

■負傷や疾病に起因して活用が検討される経済的支援

　このように、社会生活では、負傷や疾病、障害によって、様々な制度から給付を受けることができます。ただし、これらの制度は、どのような状況によって負傷をしたのか、どのような理由で疾病になったのかによって、その後の保険給付が異なります。サラリーマン等の場合、けがをしたり病気になったりしても、それが、仕事上や通勤によるケガや病気として認められれば、「労働者災害補償保険」から、療養給付や障害給付が受けられます。また、一定の条件を満たして職場を離職する場合、「雇用保険」から、失業に対する給付がなされます。

は、「障害者の日常生活及び社会生活を総合的に支援するための法律(障害者総合支援法)」による給付を受けることになります。障害者総合支援法は、障害者を対象としており、基本的にすべての年代を対象としています。ただし、65歳以上の人が要介護状態になれば、「介護保険法」による給付を受けることになります。すると、これらの2つの法律の関係は、どのようになるのでしょうか。それは**第3章第11節**で紹介します。

2. 傷病に対する医療保障と障害に対する生活保障(図1-4)

■負傷や疾病に対する医療保険

　私たちは家庭や学校をはじめ、社会生活を営むなかで、様々な困難に遭遇します。とりわけ、負傷や疾病といった事態に直面すると、経済的問題に直結します。そのような事態に備え、「医療保険制度」によって、診察、治療などの医療にかかる費用や薬代などが、3割の自己負担で済むことになります。また、入院等によって、医療費が高額になる場合、医療保険では、1か月の上限の負担額を定めた「高額療養費制度」があります。

　精神障害者の多くは、定期的な通院医療が求められます。そこで、「自立支援医療」の利用によって、一部負担金が軽減されます。さらに、「自治体独自の医療費助成」として、対象や範囲を広げている場合もあります。

　サラリーマン等で、健康保険に加入している人が、療養のために休職し、一定の条件を満たせば、「傷病手当金」の給付を受けることもできます。

■障害に対する生活保障

　精神障害者は、その特性として、疾患と障害を併せもつといわれています。精神疾患に対しては、医療保険等を活用して治療を受け、精神障害に対しては、福祉サービスや生活保障の諸制度を活用することになります。生活保障の柱となるのが、「障害年金」です。また、在宅生活を送っている重度の障害がある人には、「社会手当」として、「特別障害者手当」が、さらに、一部の自治体では独自に「市民福祉金」等が用意されています。加えて、「精神障害者保健福祉手帳」の取得によって、地域で独自の福祉サービスを受けることができる場合があります。

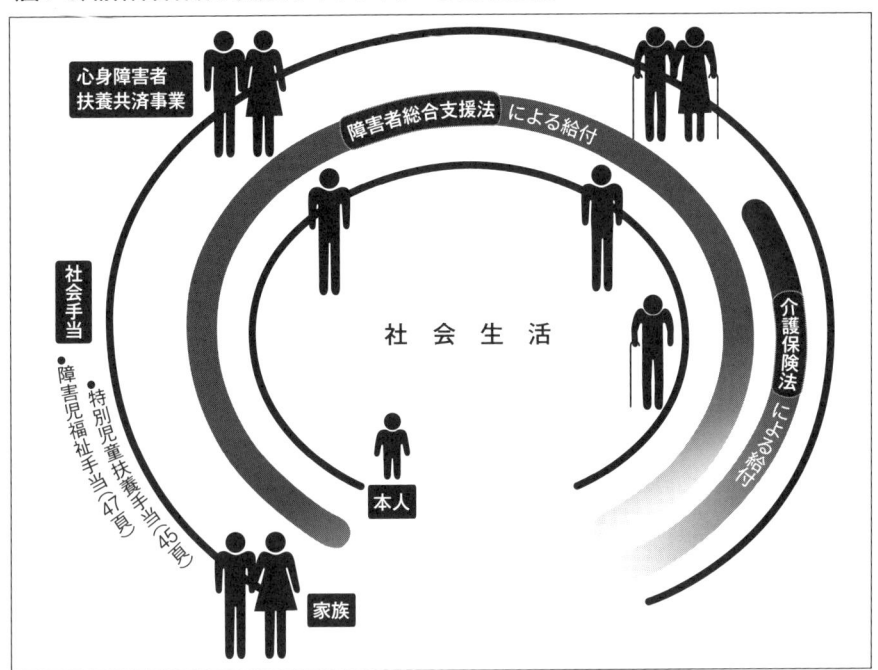

(図1-3)精神障害者及び家族のライフサイクルと経済的支援

図中のラベル:
- 心身障害者扶養共済事業
- 障害者総合支援法による給付
- 社会手当
  - 特別児童扶養手当(45頁)
  - 障害児福祉手当(47頁)
- 介護保険法（介護のみに）
- 社会生活
- 本人
- 家族

来的な暮らしを想定した制度として、位置づけられているのが「心身障害者扶養共済制度」です(図1-3)。もともと、神戸に住んでいる親たちが行政機関に働きかけてつくった制度といわれています。

図1-3は、「社会生活」という円の内側に、精神障害のある人がいます。他方、家族は精神障害のある人に対して、我がことのように想いを馳せながらも、円の外側にいます。最近では、「当事者」というと、精神障害のある本人及び家族の両方を指すことが少なくありません。ですが、両者の位置の違いについても、図1-3を通して、イメージを膨らませてもらいたいと思います。あくまでも、精神障害者の暮らしの主人公は、「精神障害のある人自身である」ということを認識することが重要だといえるでしょう。

■精神障害者を取り巻く法律

また、精神障害のある人が、「自立支援医療」や障害福祉サービスを利用する場合

のない人が、水がいっぱいに張られた2個のバケツを両手に持って、1日15時間労働するようなことだ、と常々主張しています。いえ、それ以上かもしれません。

　経済保障とは、そのような精神障害者の生活のしづらさを補い、彼らが、一度きりの人生を自分なりに自分らしく生きていくために、後押しするためのものです。暮らしの様々な場面に、彼らが参加し、活動できる機会を得られることが、経済保障の意義だといえます。

　以上をふまえ、次節では、精神障害者の経済的支援の具体的な内容に迫っていくことにします。

5 精神障害者に対する経済保障の制度やサービスの全体像

　次章から、障害年金をはじめとする経済保障の制度やサービスについて、具体的に紹介していきます。その前に、本書で紹介している制度やサービスの全体像を、互いの関係にふれながら、図を用いて解説していくことにします。

1. 本人及び家族のライフサイクル

■家族が扶養の観点から活用する制度

　障害は、人によって発生年齢も様々です。なかには、学童期をはじめ、20歳前に、精神障害をもつことになる人がいます。いわゆる「児童」という年代です。このような場合、経済的支援を必要とするのは、本人よりも家族です。家族は、当初、障害の受け止めに葛藤しながらも、現実問題として、日々の暮らしにおける生活保障を考えたとき、経済的支援を必要とします。それらのニーズに対して、社会手当として支給されるのが、「特別児童扶養手当」「障害児福祉手当」です（図1-3）。

■家族が本人の将来のことを案じて利用する制度

　一方、家族がみているのは、「今」だけではありません。「now and future」と述べましたが、例えば、家族会では、「親亡き後」の生活をどのように支えていくのかは切実な課題として議論されます。そのような家族の想い、そして、精神障害者の将

(図1-2)精神障害者の暮らしにおける障害年金の位置づけの変遷

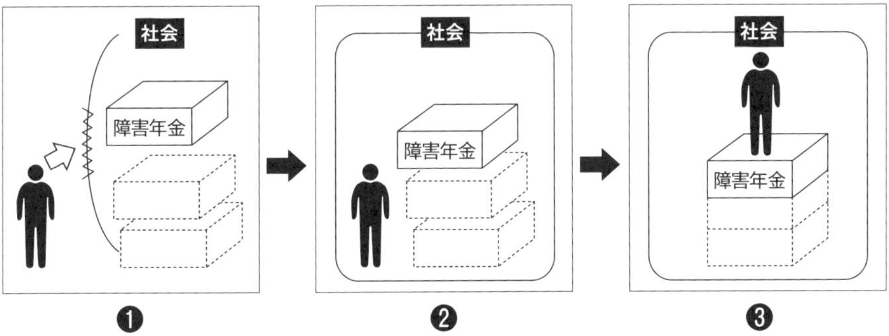

出典：青木聖久(2013)『精神障害者の生活支援――障害年金に着眼した協働的支援』法律文化社，108頁を一部加筆修正

成員には自分も含まれている」と感じられるようになるのです(図1-2❷)。そして、すでに障害年金を受給している仲間の体験談を聞いたり、一方で、経済的な現実問題について考えたりするなかで、障害年金の受給に至ります(図1-2❸)。

　すると、社会の風景が今までとは別物のように感じられるのです。8～11頁に記しているように、経済保障による直接的・間接的な効果をはじめ、一定の基礎的収入を得られるようになり、これまで、あきらめるように自分に言い聞かせていた様々な場面で、チャレンジするという選択肢が生まれてくるのです。つまり、自らの人生において、お客さん的な「客体」から、主人公としての「主体」としての歩みに変換されるといえます。

■あらためて考える「精神障害をもって暮らす」ということ

　ここまで色々と述べてきましたが、基本的に押さえておくべきことは、精神障害者は経済保障を受けている、受けていないにかかわらず、「精神障害をもって暮らしている」という事実に変わりはない、ということです。ところが、その生活のしづらさといわれる障害は、前述しているように、周囲にも、家族にも、そして、精神障害者自身にも、わかりづらいのです。それでも彼らは、幻聴や妄想、薬の副作用、対人関係の苦手な部分等を含め、折り合いをつけながら暮らしています。支援者が認識すべきことは、精神障害者は、そのような生活のしづらさを抱えて社会で暮らしているという事実です。筆者は、精神障害者が地域で暮らすとは、精神障害

(図1-1)精神障害者の暮らしに占める「問題」の位置と割合

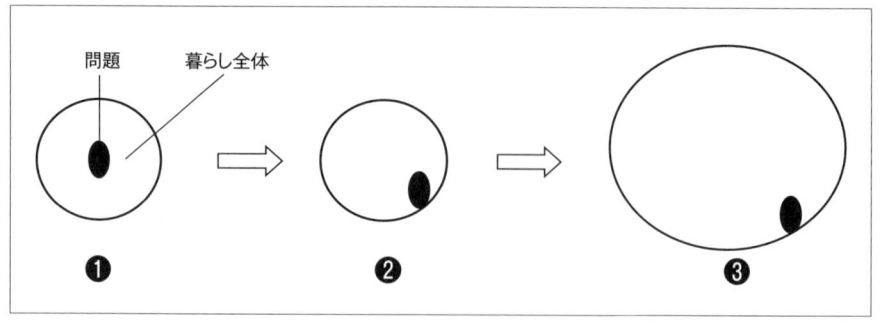

出典：青木聖久「精神障害者の地域生活支援システム」日本精神保健福祉士養成校協会編（2014）『新・精神保健福祉士養成講座 7 精神障害者の生活支援システム（第2版）』中央法規出版，96頁を一部加筆修正

る場や人が得られるように支援をすることが、ひいては図1-1❷、図1-1❸へとつながるということを念頭におくことが大切だといえるでしょう。

3. 風景が変わる

■障害年金を受給後に後悔する人はほとんどいない

前項までは、主に、精神障害者が経済保障にいかにたどり着くことができるか、について論じてきました。ここからは、実際に経済保障を受けた精神障害者のことを中心に述べたいと思います。

筆者は、これまで30年近く精神障害のある人とかかわり、経済保障の柱の1つである障害年金の受給支援に数多く携わってきました。支援を通じて多くの精神障害者に共通することとしてみえてきたのは、障害年金の受給を拒否していたとしても、いざ受給し始めると、後悔する人はほとんどいない、ということです。

そのことについて、図1-2を用いて説明したいと思います。

■客体から主体への変換

精神障害者は、当初、「障害年金を受給したら、精神障害者として社会からどのように見られてしまうのだろうか」と、社会関係のなかで、葛藤することが少なくありません（図1-2❶）。ところが、様々な支援者との交流等を通して、「社会の構

いう一言によって、彼は、これまで障害受容の葛藤として身につけていた鎧が、解けていくように感じられたそうです。セルフヘルプ・グループ等は精神障害者同士が内側から支え合う機能を認め合う場となり得ます。支援者は、それらを重要な社会資源として位置づけることが大切です。

■視点の変更——問題の位置と割合

　山本さんの鎧が解けたプロセスを、図1-1に表してみました。

　山本さんは発病からしばらくの間は、「精神障害をもっている」ということ自体を問題として捉えていました。そのため、四六時中、自分のなかでは、図1-1❶のように、その問題が暮らし全体の真ん中に位置づけられていました。しかし、山本さんは、就労継続支援B型事業所に通うようになり、スタッフにこれまでの想いを伝え、共感してもらったり、仲間と大好きなスポーツのこと等を夢中で話したりすることによって、図1-1❷のように、問題が片隅へ移動していったようです。山本さんは、仲間、スタッフ、ボランティアをはじめ、多くの人との交流を通じて、自分の強みや長所を見つけられるようになるとともに、自信をもてるようになったといいます。そして、「精神障害の有無が人の価値ではない」と思えるようになると、堂々と外出し、社会での交流機会が増え、図1-1❸のように、生活の範囲が広がりました。その結果、山本さんは、当初抱いていた問題自体の大きさはちっとも変わっていないのに、生活のなかに占める問題の割合が、小さくなったことに気づくことができたのです。

■まずは安心できる場や人を得ることから

　精神障害者は暮らしのなかで、安心できる場や人を得たり、楽しみを見つけたり、将来への希望を感じたりするなかで、問題が片隅へと移動します。そして、生活全体が広がり、視点の変更につながるのです。

　繰り返しになりますが、問題は通常なくなりません。なくなるのではなく、他の要素が次々と現れるなかで、図1-1に示しているように、問題が影を潜めていくのです。これは、精神障害者に限らず、多くの人が暮らしのなかで実感できることではないでしょうか。ところが、人とのつながりが乏しく、孤立状態になっていると、図1-1❶の段階で止まってしまいます。そして、この段階が長引けば、どんどんストレスが高まってしまうのです。したがって、まずは、ほっとできる場、安心でき

のようにして、ぜひ、支援者には、精神障害者や家族がどこをみているか、その想いを、慮(おもんぱか)っていただければと思います。

2. 人は変化する

■精神障害者を主人公にした学習会

　経済保障をテーマにした学習会は、今や様々な地で、地域家族会やNPO団体、社会福祉協議会等によって、実施されるようになってきました。そこに、精神障害者が参加する姿も見かけます。一方、精神科病院でも、精神障害者を対象にした学習会の取組みが行われるようになってきました。

　しかし、実態としては、専門職や家族を主な対象とする学習会が大半を占めます。まだまだ、地域において、精神障害者を主な対象にした学習会は少ないのです。

　そのようななか、筆者は2002（平成14）年の春から約2年間、小規模作業所に通う利用者を対象に、毎月「社会保障制度の勉強会」を開催したことがあります。当初は学習会に慣れていないためか、参加者から意見が出ることは少なかったのですが、会を重ねるたびに、積極的な意見交換がなされるようになりました。次第に学習会を開催した小規模作業所では、昼休みをはじめ、日常的に、経済保障の話が飛び交うようになりました。そして、この学習会で得た情報をもとにして、通院先の医療機関の精神保健福祉士や主治医に相談し、障害年金の改定請求（障害が重くなったとして、等級を引き上げる手続）をし、認められた人が現れるようになったのです。

　ぜひ、精神障害者を対象にした学習会を、全国各地で開催してもらいたいと思います。また、この取組みは、付加価値として、その場の運営に携わる新人の専門職の研修の機会にもなります。

■当事者同士が内側から理解し合えることの意義

　かつて、障害受容の葛藤に苛まれ、頑(かたく)なに障害年金の受給を拒否していた山本さん（男性、43歳：仮名）は、専門職から「あなたの権利だから」とか、「好きで障害をもつことになったわけじゃないから」と言われると、気持ちが楽になったといいます。ただ、考え方を変更するまでには至らなかったようです。そのようなとき、すでに障害年金を受給している仲間から放たれた「生きていかな、あかんからな」と

が、このような行動をとる人の心が穏やかになるきっかけになるかもしれません。いずれにせよ、支援者は経済保障の権利をもっている人のなかから、支援すべき対象者を、意識的か、無意識かを問わず、選別していないかを点検すべきだといえます。

■人生で初めての手続き

　障害年金を例に説明します。精神保健福祉士や障害年金を専門とする社会保険労務士からすれば、200回目の手続きだったとしても、目の前の精神障害者やその家族にとって、通常、障害年金を請求するのは、最初で最後の1度きりのものです。したがって、実際に、年金事務所を精神障害者が1人で訪れる際、どれほど緊張感を伴うか、支援者は想像力を膨らませてほしいと思います。専門用語や手続きなどは丁寧な説明が必要です。

　精神障害者や家族が、経済保障制度について、わからないのは当たり前です。不安なのは当たり前です。支援者は、精神障害者や家族が、どのようなプロセスをたどって、「いま・ここに」いるのかという、here and nowに、毎回、思いを馳せることが大切だといえます。

■精神障害者が発する「NO」の捉え方

　しかし、必ずしも、精神障害者は、経済保障制度の利用をすぐに決断するとは限りません。丁寧な説明をしたとしても、「NO」と言うことも少なくないのです。ところが、そのようなときにこそ、支援者には、「『NO』は永遠の『NO』を意味するのか」ということを考えてほしいと思います。その時点では、気持ちの整理がつかずに、経済保障制度を利用しなかったとしても、後に気持ちに変化が生じるかもしれません。

　精神障害者や家族が、その気になったとき、第一歩が踏み出せるように、どこを訪ねればよいかがわかるよう、相談機関や相談窓口の連絡先を伝えるなど、将来を見越した支援をすることが大切です。誰しも、新しい制度を知り、理解して、決断するには時間を要するものです。したがって、一時的に「NO」と言うのは、至極当たり前のことかもしれません。

　先ほど、支援者には、here and nowに思いを馳せることが大切だと言いました。しかし、精神障害者や家族がみているのは、now and future（今と将来）です。こ

とだといえます。個々の経済保障が、どのような目的をもった制度であり、それを具体的に利用すると、どのような効果が見込めるのかについて、説明することが大切です。具体的には、「はじめに」で紹介したように、5W3Hを整理して制度を説明すれば、精神障害者や家族は理解しやすくなるでしょう。

　また、支援においてやってはいけないことは、対象者を選別することです。選別には2パターンあります。1つめは、支援者なりのパターナリズム（父性的温情主義）によるものです。「障害年金や精神障害者保健福祉手帳のことを伝えれば、障害の告知と受け止め、精神障害者が落ち込むだろうから情報提供を差し控えよう」等というものです。しかし、これは、本来人がもっている権利を制限することになってしまいます。

■支援者の価値観等から行う対象者の選別

　2つめは、対象者の生活実態や振る舞い、また、支援者の価値観等から、対象者を選別するというものです。これは例えば、経済的に裕福な家庭で暮らす精神障害者に対して、「特に経済的に困っているわけではないので、この人は障害年金を受けるべきではない」というような支援者の考え方に基づくものです。ところが、実際は、どうでしょうか。同居する家族がたとえ裕福だったとしても、精神障害者が自分の意思で、自由に使えるお金がなければ、精神障害者の生活は広がりません。他方、精神障害者のなかには、強がりから、心にも思っていないような言動をし、周囲を不快にさせてしまう人がいます。

　支援者は、このように周囲を不快にさせる人よりも、奥ゆかしく、自己主張をしないような人を好んで、積極的な支援をする傾向にあるようです。しかし、このような対応については、とりわけ専門職と呼ばれる支援者の場合、その考え方を見直さなければいけません。なぜなら、対象者の選別は、対人援助職のプロとして、あるまじき行為だからです。

　周囲を不快にさせる人は、見方を変えれば、今まで人から心のこもった対応を受けた経験が乏しく、信頼できる人との出会いがなかったために、結果的に、ひんしゅくを買うような行動をとっている可能性があります。もしかしたら、無意識のうちに支援者を試しているのかもしれません。このようなときは、支援者、とりわけ専門職はその力を発揮できるチャンスだと捉えてください。支援者の真摯なかかわり

等を、インフォーマルな支援者として位置づけることができます。
　これらのフォーマル及びインフォーマルな支援者が、協働できれば、多くの精神障害者が、経済保障にアクセスしやすくなります。

■支援者がもっている各々の強み
　精神疾患を発症して間もない頃、すぐに経済保障の利用を考える精神障害者は少ないでしょう。経済保障の利用よりも、まずは、発症前の状態に戻ることを願うのが通常の想いです。それが、ある程度の時間やフォーマル・インフォーマルな支援者と出会うなかで、精神障害があるなかでの等身大の暮らし方を模索することになります。
　そのような段階になったとき、経済保障の利用を具体的に検討することになるのです。この段階では、精神障害のある仲間をはじめ、インフォーマルな人たちと交流し、体験談を聞くことなどを通じて、経済保障の活用へと気持ちが固まっていきます。この時点では、情緒的支援が求められる段階だといえます。そして、実務的なかかわりが必要になると、フォーマルな支援者を求めることになるのです。まさに、客観的支援のニーズが高まる段階だといえます。
　このようにみると、それぞれの支援者は、個々に強みがあることに気づきます。しかし、精神障害者が、その強みを知って、うまく支援者を活用できるとは限りません。そのようなとき、コーディネートを担う支援者の存在が必要となるのです。そのコーディネーターとして、精神保健福祉士等の保健福祉の専門職が期待をされています。

4 「知る」から「利用できること」「利用すること」への創造

1. 生きた・活かせるものとしての選択肢の提供

■選択肢を提供すること
　精神障害者に対する経済保障の支援で、最も重要なことは、選択肢を提供するこ

もしれません。しかし、実際には、障害年金＋アルバイト収入というように、むしろ現実的な働き方の選択肢が増えるのです。

　いずれにせよ、経済保障が受給できる権利のある人に対して、専門職が操作するかのような考え方自体、見直す必要があるといえます。これらの専門職を含めた、支援者の役割については、次に説明します。

3. 支援者が果たすべき機能と役割

■支援者の機能と役割の可視化

　精神障害者に対する生活支援のなかで、支援をする側と支援を受ける側の双方にとって、その意義や効果が目に見える（可視化できる）ものは、多くはありません。例えば、支援者が、信頼関係を築くために、受容と共感といっても、それがどの程度達成できているかは、見えづらいものです。

　ところが、経済的支援は、経済的問題という現実的な目に見える課題に対して、具体的な制度利用を通して、どのような効果がもたらされたのかが可視化されやすく、双方ともにわかりやすいというのが特徴です。そのため、例えば、障害年金の受給支援を通して、精神障害者は、支援者の機能と役割について、理解することができるようになります。一方で、支援者は、これらの支援プロセスを通じて、精神障害者の揺れ動く思いや、彼らがこれまで表明しなかったような隠されたニーズについても、共感できる機会をもつことができます。そして、支援者と精神障害者との信頼関係の構築につながるのです。

　したがって、支援者にとって、経済保障は支援方法のなかでも、有効的なものとして、位置づけることができるといえるでしょう。

■経済保障の支援者とは誰か

　経済保障に具体的にかかわる医療や福祉の専門職として、精神保健福祉士、社会福祉士、ケアマネジャー、保健師、看護師、社会復帰調整官等をあげることができます。法律の専門職としては、社会保険労務士、司法書士等があげられるでしょう。これらの人たちは、フォーマルな支援者として位置づけられます。これに対して、精神障害のある仲間、家族、精神保健福祉ボランティア、民生・児童委員、保護司

り、就労をしながら受給している人もいます。しかし、多くの人は、最初は経済保障の制度について、2人と同じような誤解をしていたと思われます。それが、仲間や専門職とつながるなかで、「知る」から、「本当のことを知る」に移行するのです。

■スティグマ

　子どもの頃から、家族を含めた周囲から、「精神障害があるのは特殊なことで、精神科病院への入院は特別なことだ」と聞かされながら、大人になる人がいます。すると、精神障害者に対し、スティグマとして、負の烙印を知らず知らずのうちに、押してしまうことになります。ところが後に、あろうことか、「あなたは、精神疾患になったので薬を飲まないといけません」と自分が言われる立場になると、必死になって拒否しようとするのは、むしろ当たり前の気持ちともいえます。すると、薬を飲むことも、ましてや、障害年金を受給することなど、あり得ないことになるのです。なぜなら、障害年金を受給すると、社会的に精神障害者である、ということを正面から認めることになるからです。これが、「内なる偏見」とか、「内なる意識」といわれるものです。

　その結果、「障害年金を受けるということは、社会の偏見も含めて受けることになります。だから、私は受給しません[5]」という言葉につながるのです。

■価値観

　しかし、障害年金の受給率が低い原因は、それだけではありません。精神障害をもちながらも、障害年金受給を拒否し続けていた松尾さん（男性、32歳：仮名）は、父親から、「お金とは自分で働いて得るものだ」という教育を受けて育ってきたといいます。そのことがずっと頭から離れず、社会に頼る、経済保障を受ける、という発想は、到底もてないということでした。

■専門職がもたらす影響

　私たちは、自分が信じている人の発言から、多くの影響を受けることがあります。その1つが、松尾さんのような父親からの教育です。加えて、大きな影響をもたらすのが、専門職だといえます。

　「障害年金を受給したら、○○さんは、働かなくなるから」と言う専門職がいます。これは、実際、社会福祉現場では、時折聞く言葉です。しかし、実態は異なります。仮に、障害年金が月に100万円もあれば、この言葉は、ある程度の説得力があるか

較差です。

　この差は、どこからきていると考えられるのでしょうか。1つには、間違いなく、情報の差があるといえるでしょう。家族会では生活について具体的な情報交換をしています。そのため、障害年金については現実的な話として、家族会の定例会でもよく取り上げられるそうです。

　また、家族会の「知る」には、深い意味があります。なぜなら、単に障害年金のことを知るのであれば、インターネットや書籍でも、その機会を得ることができます。ところが、具体的に、請求する段階になると、精神障害者も家族も躊躇するといいます。そのようなとき、家族会では、先輩家族が「私たちも通ってきた道。本人や家族の負担が少しでも軽くなればいいのよ。堂々と受給したらいい」と、背中を押してくれるといいます。同じようなことは精神障害者のセルフヘルプ・グループでも認められます。大切なことは、知っているだけではなく、つながっていることだといえます。人は、つながっていることによって、揺れている背中を、仲間に優しく押してもらうことができるのです。

2. 経済保障にアクセスすることの阻害要因

■何をもって「知る」といえるのか

　精神障害のある遠藤さん（男性、57歳：仮名）は、古い家屋で単身生活をしています。これまでは、企業で働いていたときの預金を切り崩して暮らしてきましたが、いよいよ限界になりました。しかし、2年ほど前、通院先の医療機関で、デイケアの職員から、「持ち家なら、将来は安泰ですね」と言われたため、生活保護という選択肢はあり得ないと、遠藤さんは自分なりの解釈をしていたようです。

　また、清水さん（女性、32歳：仮名）は、精神障害をもつようになってからずっと、通院を続けています。障害年金については、聞いたことがあったそうです。しかし、「障害年金とは寝たきりの人が受給する制度で、一人で通院をしている自分が受けられるものではない」と考えていました。

　遠藤さん、清水さんとも、制度を誤解していることがわかります。生活保護は、持ち家だから受けられないものではありませんし、障害年金は、在宅生活はもとよ

第❶章 ▷ 精神障害者の暮らしと経済的支援

　2008（平成20）年に、精神障害のある人のうち、障害年金を受給している人は52万人と推測されています[4]。厚生労働省が3年に1回実施している「患者調査」によれば、同じ年の2008（平成20）年に、わが国には、323万.3人の精神障害者がいるとされています（厚生労働省「平成20年 患者調査」）。ただし、この約323万人という数字は、精神疾患で医療機関に受診をしている人の数です。したがって、約323万人全員が、障害年金の受給対象者だとはいえません。仮に、半数の約160万人が継続的に、日常生活に制限を受けているとすれば、160万人（障害年金を受けられる可能性のある精神障害者）－52万人（すでに障害年金を受給している精神障害者）＝108万人（障害年金未受給の精神障害者）、すなわち7割近くの精神障害者が障害年金を受給していないことになります。

　一方、やや古いデータになりますが、2003（平成15）年に厚生労働省が実施した「障害者の生活状況に関する調査」では、回答者3594名のうち、2225名（61.9％）が年金を受給していないという結果が出ています。年金を受給していない理由についてみると、多いものから、「知らなかった」346名（15.6％）、「よく理由はわからない」264名（11.9％）、「その他」248名（11.1％）となっています。この数字から、約4割の人が、何らかの支援があれば、障害年金受給につながる可能性があったのではないかと推測できます。

■家族会の調査では年金を受給していない人は1～2割

　このように、全国的にみると、6割以上の人が障害年金を中心とした年金を受給していないことになります。ところが、同じような調査でありながら、異なる結果が出ているものがあります。

　全国精神障害者家族会連合会（2007（平成19）年に解散）が、2006（平成18）年に実施した「第4回全国家族ニーズ調査」では、回答者2844名のうち、375名（13.2％）が年金を受給していないと答えています。同様に、愛知県精神障害者家族会連合会が2014（平成26）年に実施した「家族の生活実態調査」では、回答者749名のうち、126名（16.8％）が年金を受給していないと回答しているのです。

■知っていることとつながっていることの強み

　国の調査では、6割以上の精神障害者が年金を受給していません。一方、家族会の調査では、年金を受給していないのは1～2割に過ぎません。なんと、4割以上の

存レベルでの生きる、すなわち、ADL（Activities of Daily Living）の維持以外にはつながりにくいのです。そのことは、精神障害のある人自身も納得できますし、小遣いについてはきっと家族も、そのようなお金の使い道をイメージしていることでしょう。

しかし、私たちは、公共交通機関を使って社会へ出て、趣味を楽しんだり、仕事をしたりするなかでこそ、生活が広がります。それは、精神障害のある人も同じです。その活動を継続するには、喫茶店へ行くためのお茶代が必要なことがあるでしょう。忘年会や新年会が開催されることもあるでしょう。そのようなときに、経済保障が力を発揮することになります。

■生存権規定から捉えた精神障害者の暮らしのあり方

誰しも、好き好んで精神障害を負ったわけではありません。精神障害者をはじめ、人の生きる権利を示したものが生存権です。日本国憲法第25条第1項及び第2項に規定される生存権は、ADLのみに特化したものではありません。そこには、QOLも含めた解釈ができます。つまり、「『健康で文化的な最低限度の生活を営む権利』のなかに、人間としてのぎりぎりの最低限度の生活の保障を求める権利と、より快適な生活の保障を求める権利の両方が含まれる[3]」のです。

3｜精神障害者の経済保障の利用実態と課題

1. 精神障害者の経済保障の利用状況

■年金を受給していない精神障害者は6割以上

経済保障は、基本的に申請主義に基づいています。つまり、自らが「申請します」と手を挙げないことには、制度の利用につながりません。制度を利用していない人のなかには、❶制度を利用できる要件を満たしていない、❷制度を知らない、❸制度を知っているものの利用を拒否している、という場合が予測されます。では、その実態はどのようになっているでしょうか。ここでは、障害年金を例に解説します。

011

そのようななか、障害年金等の経済保障が得られることになれば、上記の❷から❹をはじめとする、働き方の選択肢が広がることになります。

3. 経済保障による間接的な効果

■現実感の芽生え

　前述したように、例えば、障害年金の受給は、家族の小遣いからの脱却につながります。それに代わり、精神障害者は自身の通帳を自分で管理することになります。すると、そこで、様々な変化が見られるようになります。精神障害のある桂さん（男性、24歳：仮名）は、財布のなかの1000円札がなくなることを条件に、家族から次の小遣いをもらっていたといいます。そのため、桂さんは小遣いを使わないと、小遣いの必要性が乏しいと親から思われるのではないかと心配だったそうです。そこで、日中、通っている地域活動支援センターの仲間とたまに訪れる喫茶店では、桂さんがごちそうすることも多かったといいます。

　ところが、障害年金の受給後、通帳を管理するようになった桂さんは、お金を使わなければ、預金通帳にお金が貯まることを実感できるようになりました。すると、彼は、急にけちになったといいます。それだけではありません。通帳の管理を通して、お金を計画的に使おうと思えるようになったというのです。また、以前は地域活動支援センターの賃金を伴う活動にも、関心を示すことが少なかったのですが、障害年金を受給後は金銭感覚が高まり、積極的に参加するようになったといいます。

■経済保障を用いた生活の広がり

　障害年金を受給している松田さん（男性、51歳：仮名）は、「10人に1人ぐらいは、障害者というくじを引くことになるわけでしょ。たまたま、自分はそのくじを引いた。なので、障害年金は、国からもらっている給料だと思っているんです」と言います。障害年金を得てから、松田さんは、年に1回、1泊2日の旅行に行くことを楽しみにしているそうです。知らない土地に行き、駅弁を食べたり、現地の人と話をしたりすると、「生きている」という実感が湧くといいます。

　このように、経済保障を活用することによって、QOL（Quality of Life）、すなわち、生活の質の向上につながるのです。ところが家族から受け取る小遣いは、生

てくれます。

　また、精神障害のある木下さん(男性、38歳：仮名)は、母親から、「なけなしのお金やけど、あなたの病気が安定するのだったら」と言われながら、小遣いを渡されるそうです。木下さんは、「気温が35度の真夏日に缶ジュースを飲むことは許されそうな気がするけど、友だちと映画を観に行くことには(小遣いは)使えない」と言います。つまり、小遣いは、互いに意識するか否かを別にして、「精神的な呪縛」が伴いやすくなるのです。

　一方、障害年金は、自分で、使い道を考えられます。障害年金を受けることによって、かつて、小遣いをもらっていたときには、使い道のことで口論になっていたものが、渡すほうも、渡されるほうも互いにそのストレスから解放されることにもなるのです。また、精神障害のある上野さん(女性、44歳：仮名)は、週に1回、障害年金のなかから食材を購入して、家族に料理をつくっているといいます。精神障害のある人が、役割や自信をもつことができるようになったり、家族とコミュニケーションが図られるようになったりする、という意味においても、経済保障は意義深いといえるでしょう。

■多様な働き方の選択

　「働く」ことは、人が、社会関係を広げ、様々な考え方があることを知ったり、学んだりできます。また、働いている場が自分の居場所になるなど、「働く」には大きな意義が認められます。ただし、その「働く」とは、決して、一般就労だけを指すのではありません。「働く」は、❶労働法規が適用された一般就労、❷仲間づくり等に中心的な価値を見出している福祉的就労、❸これまでの体験を活かしたピアサポート活動、❹社会貢献等を目指したボランティア活動、のように分類することができます。

　「働く」ことの主な目的を、「生活の糧としての収入」を得ることと考えると、❶のみが、さも働くことのすべてのように捉えられてしまいます。ところが、思考障害などのある精神障害者には、これまで述べてきたように、❶の「働く」が、難しいことが少なくありません。それにもかかわらず、生きていくために、障害状態を顧みず、❶の「働く」に必死になってチャレンジすることによって、精神状態の不調を来す人が少なくないのです。

り、投げ出したりすることではありません。彼らは、自分に合ったほどよい生き方を決断し、実行したのです。

　人生は、思い描いたようにはいかないものです。そのとき、人は歩み方を変えたり、時に休んだりしてもよいのではないでしょうか。単線型の生き方のほかに、複線型の生き方を認められるようになる、そのきっかけとして、経済保障は有効的なものとして位置づけられるといえるでしょう。

2. 経済保障による直接的な効果

■衣食住への充当

　障害受容の葛藤に苛まれていた浅田さん（男性、37歳：仮名）は、障害年金を受給できる要件が整っていながら、「精神障害者である自分」を認めることができず、必死になって、単身生活を送っていました。その生活は、健康を気にかけつつ、食事も倹約し、毎日ご飯を炊き納豆や生卵をその上にかけて食べる、というものでした。ところが、「背に腹はかえられない」といって、彼は思い切って、障害年金の受給を始めたのです。

　すると、障害年金の受給後、彼は週に1回だけ、お弁当屋で、鳥そぼろ弁当を食べるようにしたといいます。そして、「こんなうまいものを食べたこと、今までになかったですわ。生きていてよかったです」と、話してくれました。浅田さんにとって障害年金の受給は、迷いに迷ったすえに決断したものでしたが、今では、生きていくために必要なものになっているのです。

　これは、障害年金による「食」に対する直接的な効果です。他にも、衣類や什器の購入、住居の補修など、経済保障が、精神障害者の暮らしにもたらす効果は大きいといえます。

■小遣いの脱却による家族関係の健全化

　小川さん（女性、72歳：仮名）は、毎月、同居している精神障害のある40歳代の娘に小遣いを渡しています。そして、そのたびに手が震えるといいます。「娘は、働きたいけど、働けないんです。そんななかで、親から小遣いをもらうということは悔しいだろう、とそんなことをいつも思いながら小遣いを渡しています」と話し

■生活の基礎的部分の保障

　精神障害は、❶外見ではわからない、❷経験則で理解がしづらい、という2つの特徴があります。そのために、周囲の理解が得られにくいといえます。しかし、理解ができていないのは、周囲の人だけではありません。精神障害者本人や家族もまた、これら2つが影響し合って、障害を客観的に捉えることが難しく、そのため、かなり無理をして就職活動に臨んでしまう場合があります。その一例が、「フルタイム労働ができるはずだ。仮に、仕事ができれば、病気も治ると思う」と考えて、必死になって一般就労にチャレンジを繰り返す、というものです。なかには、副作用を嫌い、就職時に薬を自己判断でやめてしまう人もいます。その結果、しばらくすると、状態が悪化して仕事を続けられなくなるばかりでなく、エネルギーが減退して自宅から出られなくなることさえあります。そしてまた、エネルギーが湧いてくると、フルタイム労働を目指して就職活動を再開する、ということを繰り返し、アップダウンの大きい暮らし方になることがあります。

　一方、障害受容の葛藤に苛まれながらも、苦しい生活実態に耐えられず、障害年金を受給する人がいます。ただし、例えば障害基礎年金2級は、月額約6万5,000円ですから、障害年金のみで暮らしを成り立たせることは困難です。ところが、障害年金は、生活の基礎的部分への充当という考え方ができます。つまり、不十分な額ながらも、障害年金を基礎的収入として据えることによって、「生活をするために、足らない分をアルバイトで補う」という、新たな選択肢が生まれるのです。

■開き直る

　それだけではありません。障害年金をはじめ、経済保障を受けることによって、いわば、"肩の荷が降りる"という効果があります。経済保障の利用によって、これまで、自分自身のなかにある偏見から精神障害を認めづらかった、いや、認めることに向き合ってこられなかった精神障害者が、「精神障害をもって生きる」ことを受け入れるターニングポイントになるのです。それによって、等身大の働き方・生き方が見えてくることになります。

　かつて、自助グループ活動に従事する何人かに、「今の活動に取り組むきっかけは何でしたか」と、インタビューをしたことがあります。すると、複数の人たちが、「開き直ったんです」と答えました。その「開き直る」とは、決して人生をあきらめた

第❶章 ▷ 精神障害者の暮らしと経済的支援

　これについては、精神障害者の社会生活でも同様のことがいえます。例えば、精神科病院から10年ぶりに退院し、在宅生活を始める人がいるとします。経済的な目途が立っていないにもかかわらず、具体的な方法が示されないまま、「何とかなるでしょう」としか病院職員に言われなかったら、きっと不安が不安を呼ぶのではないでしょうか。というか、アパートの確保、生活必需品の用意、今後の通院時の医療費をはじめ、生活のフレームそのものが成り立っていないのですから、話を前に進めることはできません。ところが、他の要素が不十分ながらも、経済的基盤のみが整っていれば、どうでしょうか。すると、何とかなりそうな気になります。
　実は、これには理由があるのです。第1節で述べたように、精神障害者の生活には、経済的基盤、居場所、地域生活支援体制の3つが必要です。確かに、居場所や地域生活支援体制も、大切な要素ですが、実体として、その中身や効果は、なかなか目に見えません。そのため、何か新しいことをスタートしようとするときは、人の心に響きづらいのです。これに比べ、経済的基盤は、物資の調達や、そのことによる安心感をはじめ、直にその効果が実感できます。そのようなことからも、経済的基盤を整えるための経済保障は、暮らしを現実的に受け止め、新たな暮らしを始めていこうという「起動装置」としての機能と役割を果たしているといえるでしょう。

■精神及び生活の安定
　ピアサポーターとして神戸で活躍する渡口泰子（とぐちやすこ）さんは、仲間の一人から、「精神安定剤より、生活安定剤がほしい」と聞いたことがあるそうです[2]。これは、比喩的な表現ですが、渡口さんの仲間は、決して薬を否定しているのではありません。精神障害には、疾患という側面があります。したがって、精神障害者は医療の必要性、つまり薬の大切さを認めています。しかし、その言葉には薬はもちろん、経済保障もまた大切なことであるにもかかわらず、そのことが周囲に十分伝わっていないのではないか、という心の叫びが込められているのではないでしょうか。
　また、精神障害のある人は、かなり安定しているように見えても、精神状態の大きな波がしばしば訪れ、身体が鉛（なまり）のような状態になることがあると別のピアサポーターから聞いたことがあります。彼は、障害年金を受給するようになってから、非常に状態のよくないときでも安心して家で休むことができるようになったといいます。このように、精神障害者は、経済保障によって精神的安定を得られるのです。

記事を部分的に見て、精神障害者に対して、さも「怖い、特別な一群の人たち」というイメージを先行させている感があります。でも、実際に精神障害者にかかわっている人なら、すでにおわかりだと思います。精神障害者は、むしろ穏やかな人が多いのです。また、精神障害者を理解するには、就労の有無や収入の多寡で人を評価するという社会の従来のステレオタイプな価値観では難しいといえます。

このような実態に対して、精神障害者の実際の姿を伝えていくこともまた、生活支援では重要となります。かつて、有名な精神科医の中井久夫が、「精神病者の社会復帰とは、社会と精神病者との折り合い点の発見であろう。社会が多元価値的になれば、精神病者の社会復帰は現実のものとなる[1]」と、主張しました。そのような意味からも、生活支援に携わる人たちは、精神障害者の生活の実際とともに、多様な価値観が当たり前であることを、社会に伝えていくことも大切だといえるでしょう。

2 経済保障が果たす機能と役割

1. 経済保障に着目する理由

■起動装置としての経済保障

仲の良い4人が旅行の計画を立てようとする場合、❶お金がない、❷4人の予定が合わない、❸いまいち気分が乗らない、ということであれば、きっと話は進まないでしょう。旅行が実現するには、もちろん、❶から❸のすべての要素が整う必要があることは言うまでもありません。しかし、このうち、1つの要素だけ整えることで、旅行が実現するのであれば、おそらく❶に着目することになるでしょう。例えば、共同購入していた宝くじで100万円が当たれば、一挙に4人の気持ちも盛り上がり、どのようにしてでも予定を合わせ、旅行は現実のものになるのではないでしょうか。なぜなら、お金の問題がもっとも現実的な問題であることを、これまでの社会生活のなかで、誰もが十分過ぎるほど理解していると思われるからです。

いことでしょう。ところが、それらの場をもたない人の場合も、言うまでもなく居場所が必要です。例えば、精神障害者の多くが利用している地域活動支援センターには、次の7つの機能があると思います。❶そこに行くとほっとできる、❷情報が得られる、❸仲間と出会える、❹専門職に相談できる、❺ボランティアや学生等と交流できる、❻家族と適度な距離が保てる、そして、❼これらの❶から❻を通して多様な価値観が得られる、というものです。

　最後に、地域生活支援体制は、医師・看護師・保健師・作業療法士・精神保健福祉士・心理職等のフォーマルな社会資源に加えて、精神障害のある仲間・家族・ボランティア等のインフォーマルな社会資源という、多様な人たちが、重層的にかかわってでき上がります。その場合も、円の中心は常に、精神障害者でなければなりません。

3. 社会に対する働きかけ

■個人と社会の双方への支援

　生活支援は、個人に対する支援と、社会に対する支援の両輪であることが大切です。ある精神障害者は、社会からの差別と偏見が気になって仕方がないので、地域での暮らしが怖いと言います。したがって、個人への働きかけもさることながら、社会を優しくする取組み、すなわち、普及啓発等が必要となります。だからこそ、個人と社会の双方への支援が重要だといえるでしょう。

■5人に1人は精神疾患を体験する

　2004（平成16）年に国は、「こころのバリアフリー宣言」を発表しました。そこには、「精神疾患は、糖尿病や高血圧と同じで誰でもかかる可能性があります。2人に1人は過去1ヶ月間にストレスを感じていて、生涯を通じて5人に1人は精神疾患にかかるといわれています」と記されています。このように、一生のうちに5人に1人が精神疾患を経験するのであれば、もはや、精神障害をもつことは、晴天の霹靂ということにはなりません。しかし、この事実を知っている人は、決して多くないのです。

　他方、社会では、新聞報道で、何らかの事件が起こり、「精神鑑定をする」という

を見つけた人は少なくありません。
■現実的な暮らし
　精神障害者が現実的に社会で暮らしていくには、継続的な医療や経済的支援が必要です。精神障害者が、100％ではないにしても、自身の疾患や障害を一定程度認め、等身大の生き方が検討できるようになれば、現実的な暮らしに向け、徐々に、経済保障を活用することに目が向き始めるのです。
　大切なことは、精神障害者が様々な制度とつながり、今の暮らしに向き合い、そして、将来を志向するなかで、等身大で生きていこうと思えることだといえるでしょう。

2. 精神障害者に対する生活支援の要素

■動機づけの後付け
　私たちが、地域で暮らしていくには、「この地で暮らしたい」というある程度の動機づけが必要です。ですが、新たな暮らしを開始するとき、最初から強い動機をもっている人がいるでしょうか。動機づけとは、地域生活を続けるなかで、アパートに自分のお気に入りの棚を置いたり、地域にとっておきの場所を見つけたり、気の合う仲間を見つけたりして、しだいに高まるものだと考えられます。まさに、動機づけの後付けです。
　したがって、精神障害者のリカバリーのために地域が果たす役割は大きいといえるでしょう。

■地域の暮らしに必要な3要素
　精神障害者が、地域でよりよく暮らしていくには、経済的基盤、居場所、地域生活支援体制、の3つの要素が不可欠だと考えられます。経済的基盤は、「生存レベルとしての生きる」「生活の質としての生きる」を保障する大切なものとなります。詳細については、次の第2節で説明します。
　居場所としては、特に昼間の居場所が重要だといえます。当たり前のように、足が向かい、自分の存在が認められる場があることは、とても大切なことです。社会では、意識するかしないかを別にして、一般就労の場が居場所になっている人が多

1 精神障害者の生活支援

1. 将来がイメージできる暮らし

■自己実現

　精神障害の有無にかかわらず、私たちは子どもの頃、当然のように、夢をもっていたと思います。ところが、義務教育を終える頃から、不思議と、その夢は自分の実現可能な目標へと変更されていったという経験が、誰にもあるのではないでしょうか。これが、「自己実現」の第一歩だと思います。その矢先、精神障害者は、精神疾患を発症し、精神障害をもつことになるのです。

　「なぜ、私が精神疾患に……」と、晴天の霹靂のように発病時のことを振り返る精神障害者は少なくありません。しかし、人にはもともと、状況に適応して、生きていく力があります。同じような精神障害のある仲間や家族、さらには、精神保健福祉士や看護師等の支援者との出会いのなかで、時間をかけながらも、前を向いて歩んでいこう、と思えるようになるのです。

■等身大の生き方

　精神障害者は発病後、自己実現の変更を余儀なくされることがあります。そうなると、精神障害をもちながらの新たな暮らし方を検討することになるのです。最近、精神保健福祉分野では、「リカバリー」という言葉がよく使われます。この場合、リカバリーとは元の状態に戻ることを指すのではなく、多くの場合、「人生の新たな意味づけ」として用いられます。それは、今ある現状のなかで、いかに自分らしく生きるかという、まさに等身大の生き方です。

　「ものの価値」とは、コインの表と裏のようなものです。これまで非としてきた物事への捉え方が、見方を変えることによって、是に転ずることができるのです。ある人は、かつて、社会で常に先頭に立っている人が立派だと思っていたけれど、精神障害をもつようになってから、社会で開催される様々な行事が終わった後の片づけをしている人のほうが、立派だと感じられるようになったと言います。他にも、精神障害をもつことによって、多様な価値観を知り、自分に合った等身大の生き方

第1章 精神障害者の暮らしと経済的支援

COLUMN [コラム]

■How was
○当事者が語る、障害年金受給前後の暮らしの変化──030
○当事者が語る、生活保護受給前後の暮らしの変化──197

■障害年金
○障害年金制度における精神障害認定基準の位置づけ──037
○障害年金はどのようにして審査・決定がなされるのか？──095
○障害年金決定後こそ本当の支援が必要となる！？──116

■医療保険
○知っておきたい退職後の医療保険と年金──060

■労働保険
○精神疾患に関する労災認定とその認定基準──069
○精神障害での労災請求は増加傾向にある！──070

■生活保護制度
○生活保護受給者が12年前の2倍！？──042
○入院治療と生活保護──043
○申請させてもらえない？──131
○外国人と生活保護──135

■精神障害者保健福祉手帳
○福祉アクセシビリティ（相談しやすさ、利用しやすさ）を確保するために、支援者が大切にしたいこと──049

■医療費助成制度
○自立支援医療支給件数の86％を占める精神通院医療──077

■税金
○経済的な支援制度でよく出てくる"市町村民税非課税世帯"とは？──081

■生活福祉資金
○新しくつくられた"生活困窮者自立支援制度"とは？──084

■障害者総合支援法と介護保険制度
○制度ごとの自己負担軽減制度、合算できる仕組みもあります！
　〜「高額医療・高額介護合算療養費」を知っていますか？──090

用語解説——198

資料
1. 受診状況等証明書——200
2. 受診状況等証明書が添付できない申立書——201
3. 国民年金・厚生年金保険診断書——202
4. 病歴・就労状況等申立書——205
5. 生活保護法による保護申請書——207
6. 生活保護申請書　別添1:資産申告書——208
7. 生活保護申請書　別添2:収入申告書——210
8. 診断書(精神障害者保健福祉手帳用)——212

おわりに
執筆者一覧

6｜医療保険
- Q36　傷病手当金の3要件——156
- Q37　復職・退職時の傷病手当金——158
- Q38　高額療養費に含めることができないもの・できるもの——159
- Q39　高額療養費の世帯合算制度——160

7｜労働者災害補償保険・雇用保険
- Q40　障害年金(国民年金・厚生年金)との併給調整——161
- Q41　給付基礎日額と算定基礎日額の考え方——163
- Q42　就職困難者・特定理由離職者・特定受給資格者の定義等——164
- Q43　基本手当の受給期間延長と傷病手当——165

8｜医療費助成制度
- Q44　自立支援医療(精神通院医療)の初回申請——166
- Q45　無料低額診療事業の実施状況——168

9｜税金
- Q46　医療費控除の対象——169
- Q47　障害者控除の対象——171

10｜生活福祉資金
- Q48　生活福祉資金を含む支援策——172

11｜障害者総合支援法と介護保険制度
- Q49　65歳からのサービス利用——174
- Q50　年金・生活保護と介護保険の費用——175

第❹章　経済的支援を通して変化し成長を遂げる支援者

1. 障害年金受給支援へのかかわり——180
2. 何をもって経済的に困っているといえるのか——181
3. 日常生活場面における生活のしづらさとは何だろうか——184
4. 精神障害者の歩みや日常生活を知ることにより伝わってくること——185
5. 経済的支援としての実務的な取組み内容——188
6. 精神障害者の日常生活の困難さを可視化する——191
7. 障害年金受給による暮らしの変化——193

- Q7 精神障害にかかる障害認定基準とポイント──104
- Q8 精神疾患が混在する場合の取扱い──106
- Q9 病歴・就労状況等申立書の書き方とポイント──107
- Q10 障害年金と傷病手当金の併給調整──108
- Q11 障害年金支給決定後の手続きと注意点──110
- Q12 障害年金における所得制限──111
- Q13 老齢年金を繰上受給している人の障害年金請求──112
- Q14 障害年金受給者の年金保険料──114
- Q15 障害年金に関する不服申立制度──115

2│生活保護制度

- Q16 生活保護の申請──117
- Q17 世帯単位・世帯分離──120
- Q18 資産の活用──122
- Q19 高校・大学の就学──124
- Q20 調査・扶養義務──126
- Q21 収入認定──128
- Q22 障害者加算──132
- Q23 収入認定除外──134
- Q24 医療扶助──136
- Q25 一時扶助──138
- Q26 入院中の家賃支給──140
- Q27 生活保護受給中の預貯金・申請時の預貯金──141
- Q28 生活保護受給者の権利と義務・福祉事務所の指示指導──142
- Q29 保護費の金額──144
- Q30 審査請求・行政事件訴訟──146

3│手当

- Q31 特別障害者手当・特別児童扶養手当・障害児福祉手当──148
- Q32 特別児童扶養手当・障害基礎年金──150

4│精神障害者保健福祉手帳

- Q33 精神障害者保健福祉手帳のメリット──151
- Q34 発達障害・高次脳機能障害の手帳申請──153

5│心身障害者扶養共済制度

- Q35 心身障害者扶養共済制度・年金管理者──155

 3. 障害児福祉手当——047

4｜精神障害者保健福祉手帳——048

5｜心身障害者扶養共済制度——050

6｜医療保険
 1. 傷病手当金（健康保険法）——053
 2. 高額療養費——055

7｜労働者災害補償保険・雇用保険
 1. 労働者災害補償保険——061
 2. 雇用保険（基本手当）——064
 3. 雇用保険（常用就職支度手当）——067

8｜医療費助成制度
 1. 自立支援医療（精神通院医療費の公費負担）——071
 2. 無料低額診療事業——073
 3. 自治体独自の医療費助成制度——074

9｜税金
 1. 医療費控除——078
 2. 障害者控除——079

10｜生活福祉資金——082

11｜障害者総合支援法と介護保険制度
 1. 障害者総合支援法における利用者負担の軽減——085
 2. 介護保険法における利用者負担の軽減―①高額介護（予防）サービス費——087
 3. 介護保険法における利用者負担の軽減―②特定入所者介護（予防）サービス費（介護保険負担限度額認定）——088

第❸章　経済的支援をよりよく実践するためのQ&A

1｜障害年金制度
Q1　障害年金の相談から支給決定までの流れ——092
Q2　初診日の認定——096
Q3　初診日証明が取得できない場合の対応——098
Q4　障害年金の請求パターンと必要な診断書——100
Q5　障害認定日頃に医療機関を受診していない場合の対応——102
Q6　診断書（精神の障害用）のチェックポイント——103

目次

はじめに
本書の構成と活用の仕方

第❶章　精神障害者の暮らしと経済的支援

1｜精神障害者の生活支援
1. **将来がイメージできる暮らし**——002
2. **精神障害者に対する生活支援の要素**——003
3. **社会に対する働きかけ**——004

2｜経済保障が果たす機能と役割
1. **経済保障に着目する理由**——005
2. **経済保障による直接的な効果**——008
3. **経済保障による間接的な効果**——010

3｜精神障害者の経済保障の利用実態と課題
1. **精神障害者の経済保障の利用状況**——011
2. **経済保障にアクセスすることの阻害要因**——013
3. **支援者が果たすべき機能と役割**——015

4｜「知る」から「利用できること」「利用すること」への創造
1. **生きた・活かせるものとしての選択肢の提供**——016
2. **人は変化する**——019
3. **風景が変わる**——021

5｜精神障害者に対する経済保障の制度やサービスの全体像
1. **本人及び家族のライフサイクル**——023
2. **傷病に対する医療保障と障害に対する生活保障**——025
3. **生活全体を守るとともに基盤づくりとしての経済保障**——027

第❷章　知っておきたい経済的な支援施策の仕組み

1｜**障害年金制度の理解**——032
2｜**生活保護制度の理解**——038
3｜手当
1. **特別障害者手当**——044
2. **特別児童扶養手当**——045

身の心の声をはじめ、支援者の気づきを伝えるようにしています。とりわけ、経済的支援を通して、支援者がどのように変化し、成長を遂げていくかを意識しています。

なお、最後に「しょうがい」の表記について、説明しておきたいことがあります。「しょうがい」は、戦前、「障害」ではなく「障碍」と表記されていました。それが、戦後の1947（昭和22）年に公布された当用漢字表に「碍」の字がなくなったため、「害」という字が当てられることになりました。もともと、「障碍」は支障や制限を指す用語でした。ところが、障害の「害」の漢字は、マイナスの印象を与えかねないため、今日、「障碍」、あるいは「障がい」と表記されることが多いのです。このようなことから、私たちは本書を出版するに当たって、多くの議論を交わしました。その結果、これらの言葉の経緯について、冒頭できちんとふれることにしました。そのうえで、あえて、法律用語になっている「障害」を本書では用いることにしたのです。それは、経済保障の諸制度に「障害」の文字が多用されている現状から混乱を避けるため、また、何よりも、本書をご覧いただく支援者に、法律に「精神障害者」と規定されている本人及び家族に対して、その言葉の重みを踏まえて支援に携わっていただきたい、という強い想いを抱いたからなのです。

以上が、本書の構成と内容です。「はじめに」と併せて「本書の構成と活用の仕方」をお読みいただければ、本書は、どの章から読み始めていただいても理解できるようになっていることが、おわかりになると思います。とはいえ、可能であれば、まずは第1章を読んでいただければ幸いです。それでも、どうしても時間のない人は、第1章第2節で精神障害者の生活支援について検討し、そのうえで、第1章第5節の図1-6（28頁参照）で、本書の全体像を理解してから、関心のある項目に移っていただければと思っています。

ぜひ、本書を通して、経済的支援の諸制度を身近に感じていただければ幸いです。

Q19 高校・大学の就学

私立高校に通っている娘さんと精神障害のある母親が生活保護を申請予定です。保護が決定したら、私立高校を退学しなければなりませんか?

A19

　義務教育は中学校までですが、生活保護を受給しているからといって、中学卒業後は就労しなければならないということはありません。将来的な自立、就労のために高等学校等への進学は妨げられるべきものではないからです。

　高等学校(全日制・定時制・通信制)、高等専門学校、特別支援学校の高等部専攻科、専修学校又は各種学校(修業年数3年以上、かつ、普通教育科目を含む修業時間がおおむね800時間以上等の条件があります)等での就学は、生業扶助の高等学校等就学費の支給対象となります。これには私立公立の区別はなく、私立高等学校に進学していたからといって、退学する必要はありません。また、生活保護を受給しながら高等学校等への進学を目指す場合にも、進学先を公立にするか私立にするかも含めて、志願校選択の自由は本人にあります。

　高等学校等就学費(次頁表)には、基本額(月額)、教材代、授業料(当該高等学校等がある都道府県が定めた公立高校等授業料相当額が上限)、入学料及び入学考査料(当該高等学校等がある都道府県が定めた額以内。市町村立の場合は市町村の定めた額以内)、通学のための交通費、学習支援費(月額)が含まれますが、修学旅行費については支給の対象外です。これについては、生活福祉資金(82頁参照)の利用や本人のアルバイト等による収入を充てることになるでしょう。ちなみに、修学旅行費のような就学費用の充足を目的とした高校生のアルバイトによる収入は、収入認定から除外されます(Q23：134頁参照)。

| ② | 現在、その田畑を耕作しているか、3年以内に耕作することによって収入増加が認められる。 |

(3) その他

■生命保険

生活保護の開始時に解約返戻金のある保険(簡易保険、生命保険等)は解約するのが原則ですが、例外的に認められる場合もあるので福祉事務所に確認してください。

■学資保険

学資保険については、以下①②③の条件をすべて満たせば保有が認められます。

①	満期保険金(一時金等を含む)の受取りが、同一世帯の構成員である子が15歳又は18歳のときである。
②	満期保険金(一時金等を含む)又は満期前に解約した場合の返戻金の使途が世帯内の子の就学に要する費用に充てることを目的としたものである。
③	保護開始時点で1世帯当たりの解約返戻金が50万円以下

■自動車

原則として、自動車の保有は認められません。しかし、以下のような場合には保有が認められることがあります。

①	勤務先や自宅が公共交通機関の利用が著しく困難な地域にあり、自動車での通勤が必須である場合
②	個人タクシーの運転手等、事業用品として自動車が必要な場合
③	通院、通所、通学のために定期的に自動車を必要とするが、歩行困難、多動、てんかん等の障害により公共交通機関の利用が困難な場合
④	公共交通機関の利用が著しく困難な地域に居住する人が、定期的な通院等をするため自動車が必要な場合

注：これ以外でも、保有を認められることがあります。必要な場合には福祉事務所に確認してください。

Q18 資産の活用

持ち家と親から受け継いだ田畑を所有している精神障害のある人から生活保護についての相談を受けました。生活保護を受けるためにはこれらを売却する必要がありますか？

A18

生活保護の利用に際しては、最低限度の生活水準(健康で文化的な生活水準を維持できる程度のもの)を上回る資産の所有や利用は認められておらず、処分して生活に活用するのが原則です。しかし、その資産が実際に最低限度の生活維持に活用されており、かつ、処分するより活用するほうが生活維持や自立の助長に実効があがっているもの等については所有や利用が認められています。

(1) 住居

処分すれば高額で売却できる可能性の高い大きな屋敷で生活をしているような場合を除き、居住している持ち家(家屋、土地)の所有は認められています。居住している住宅がローン支払い中の場合は、原則、生活保護の適用は行われません。しかし、ローンの支払いの繰り延べ(ローンの支払いを一時的に中断して返済を先延ばしにする)がされている場合や、ローン返済期間が短期間で、かつ、支払い額が少額の場合には、保有を認められることがあります。ローンの繰り延べを検討するほか、現在のローンの支払いが短期間で、かつ、少額とみなされるのか、福祉事務所に相談しましょう。

ただし、不動産を所有しているのが65歳以上の人(配偶者がいる場合はその人も65歳以上)の場合は、生活保護の受給の前に、その不動産を担保とした生活資金の貸付を求められる場合があります(要保護世帯向け不動産担保型生活資金)。

(2) 田畑

田畑については、①②の条件をすべて満たせば保有が認められます(ただし、利用するよりも売却したほうが大幅な収入増となる場合は除く)。

① その地域の平均耕作面積、当該世帯の稼働人員等から判断して適当と認め

(2)により世帯分離された人が措置入院・緊急措置入院等の公費負担を受けて引き続き入院等する場合にも世帯分離の対象となります。これによって世帯分離になった人と(2)③イ．により世帯分離になった人が、6か月以内に再入院等し、かつ、長期の入院等を要するときも世帯分離の対象となります。

　また、6か月以上の入院等を要する患者がいる世帯に、その患者と生活保持義務関係はないが収入がある人がいる場合、その生活保持義務者を世帯から切り離し、それ以外の人を同一世帯とみなして保護をすることができます。

(3)本人が入所している場合

　本人が救護施設、養護老人ホーム、特別養護老人ホーム、介護老人福祉施設、障害者支援施設(重度の障害のため長期入所が見込まれる人に限ります)等に入所している場合についても世帯分離が可能です。ただし、本人の生活保持義務関係にある人が世帯にいる場合は、世帯分離しなければ、その世帯が要保護世帯になるときに限ります。

(4)その他

　❶生活保持義務関係にある人がいない世帯に転入した生活保護を必要とする人、❷稼働能力があるにもかかわらず収入を得るための努力をしない等保護の要件を欠く人、❸日常生活の世話を受けるために生活保護を受給している世帯に転入した生活保護を必要としない人、❹世帯員に生活保持義務関係にある人がおらず、かつ、結婚・転職のため1年以内に転出する人、❺大学等で就学中の人などについても世帯分離を行うことができます。❶については分離した❶だけを保護し、❷〜❺では❷〜❺以外の世帯員だけを保護します。

Q17 世帯単位・世帯分離

　生活保護は世帯単位で受給することが原則だと聞きました。精神障害者本人以外は、全員一定の収入があります。世帯分離をして本人だけが生活保護を受給することはできますか？

A17

　生活保護は、世帯単位を原則としています。同じ住居に住み、生計を一にしている人たちは、同一世帯として扱われるのが基本です。その世帯に属する人全員の資産、所得等を合算した収入が、その世帯の最低生活費を下回った場合、世帯の全員が生活保護の対象となります。そのため、保護費の額は、世帯構成により異なってきます。

　しかし、この原則に従うことが生活保護の目的の実現のための妨げになる場合は、例外的に個人を単位とした生活保護の実施が認められています。これを「世帯分離」といいます。以下のように一定の要件を満たせば世帯分離が可能な場合があります。

(1) 本人が常時の介護又は監視を必要とする寝たきり高齢者か重度心身障害者の場合で、①②の条件をすべて満たすとき

①	世帯分離を行わなければ、その世帯が要保護世帯となる状況にある。
②	本人の生活保持義務関係(本人の配偶者、中学3年生以下の子の親)にある人が同世帯にいないか、生活保持義務関係にある人がいても生活保持義務者本人の収入が自分の一般生活費(衣食費など日常生活の需要を最低限度、満たす費用)以下である。

(2) 本人が入院等している場合で、①～③の条件をすべて満たすとき

①	本人と同じ世帯と認定すると他の世帯員の自立助長が著しく阻害される。
②	世帯分離を行わなければ、その世帯が要保護世帯となる状況にある。
③	ア．6か月以上の入院等を要する患者に対して世帯のいずれもが生活保持義務関係にないか、イ．世帯に生活保持義務関係者がいるが、本人が1年以上入院等しており、引き続き長期間にわたり入院等を要する。

手順6	第三者が面接に同席することもできます。福祉事務所は、申請者が希望すれば面接への同席を拒むことはできません。同席すれば、個人情報を知ることになるため、そのことを十分に理解しているか申請者に必ず確認してください。
手順7～8	審査待ちの間の生活費が心配な場合は、生活福祉資金（82頁参照）や臨時特例つなぎ資金貸付（199頁）が利用できる可能性があります。福祉事務所や社会福祉協議会に相談してください。

7	調査	訪問調査(生活状況の確認等)、資産調査、収入状況調査、稼働能力の調査、年金等社会保障給付の利用状況の調査、扶養義務者への照会(Q20：126頁)
8	決定	原則、申請から14日以内に連絡(事情がある場合は30日以内)

(2)各段階のポイント

手順1	生活困窮の相談を受けた場合、早めに福祉事務所での相談を促しましょう。保護の要否を決定するための審査には原則2週間以内(特別な事情がある場合は30日以内)を要します。
手順2	たとえ保護に該当しないことが明らかであっても、申請権のある人から申請の意思が表明された場合、申請書を交付することになっています。窓口で拒否されても申請書の提供を強く要求してください。また、福祉事務所に備付けの用紙でなければ申請できないということもありません(コラム「申請させてもらえない？」:131頁)。
手順3	わかる範囲で記入しましょう。不明な点は、福祉事務所の職員に説明を求めてください。
手順4	これらの資料は、求めに応じて提出します。提出は申請後でも差し支えありませんが、審査に必要な書類なので、求められたらすぐに提出しましょう。
手順5	生活保護の受給には申請が必要です(急迫した状況にある場合は、申請がなくても保護を行うことができます)。申請は、①保護を希望する本人、②本人の扶養義務者、③本人と同居している親族が行うことができます。友人宅を転々としている、ホテルに宿泊している等、住所不定の場合は、現在いる地域の福祉事務所で申請します。本人が入院中で、直接福祉事務所に出かけることが難しい場合は、福祉事務所の職員に、至急病院まで訪問してもらうよう連絡してください。

2 生活保護制度

Q16 生活保護の申請

生活保護の申請をしたいと相談を受けました。福祉事務所で相談してから保護が決定されるまでの流れを教えてください。

A16

(1)相談から決定までの流れ

	手順	確認事項・必要な取組み等
1	福祉事務所で相談	健康状態、生活状況、就労状況、収入、資産、借金、家族関係、年金等の社会保障給付の利用状況などの聴き取りや生活保護制度についての説明が行われます。
2	申請書の入手	福祉事務所で保護申請書等の入手
3	書類の作成	生活保護申請書(207頁) 資産申告書(208頁) 収入申告書(210頁) など
4	その他の資料の準備（申請後、提出を求められる場合があります）	印鑑、身分証明書(手帳、運転免許証、健康保険証等)、預貯金通帳、住居の賃貸借契約書、収入を確認できる書類(給与明細、年金証書等)など
5	申請	居住地又は現在地の福祉事務所で行います。福祉事務所のない町村の場合は、町村の担当課でも申請できます。
6	面接	手順1の詳細な聴き取り

COLUMN
障害年金決定後こそ本当の支援が必要となる!?

　請求者に障害年金が無事に決定されると一安心です。しかし、いろいろな事情の人がいます。障害年金が支給されるということは、自己の意思で使えるお金が定期的に入ってくることを意味します。これは生活の大きな変化です。

　精神障害のある人の場合、金銭管理がうまくできないことがあります。遡及した給付により数百万円の大金が手に入ったことで強気になり、行動や生活が派手になってしまった人も私は見てきました。

　本人と二人三脚でお金の大切さや使い方を考えたり、状況によっては家族と協力してじっくりと見守っていくことが必要な場面もあるでしょう。その一方で、障害年金という生活の基盤ができたことにより、就労意欲がでてくる人もいます。その場合には、就労支援というかかわりが出てきます。

　障害年金の支給決定は、終わりではなく始まりなのだと私は考えています。

（高橋裕典）

Q15 障害年金に関する不服申立制度

日本年金機構が行った障害年金の決定に不服があります。審査請求制度（不服申立制度）について教えてください。

A15

不服申立は、二審制です。1回目は地方厚生局（社会保険審査官）、2回目は厚生労働省に設置される社会保険審査会です。

審査請求（1回目の不服申立）	
いつまでに	納得のいかない決定を知った日の翌日から起算して3か月以内
誰に	管轄の地方厚生局（社会保険審査官） ※年金事務所でも受け付けてもらえます。
注意点等	①審査請求の費用は無料です。 ②審査請求は口頭でもできますが、通常は文書（「審査請求書」）を提出しなければなりません。 ③審査請求に対して社会保険審査官は「決定書」をもって結果を通知します。

再審査請求（2回目の不服申立）	
いつまでに	社会保険審査官の決定書謄本が送付された日の翌日から起算して2か月以内
誰に	社会保険審査会（厚生労働省内）
注意点等	①再審査請求の費用は無料です。 ②再審査請求は書面審理に加え、「公開審理」が行われます。出席するかどうかは自由ですが、できる限り出席して意見を述べましょう。 ③再審査請求に対して社会保険審査会は「裁決書」をもって結果を通知します。

注：1回目の不服申立の後は、裁判に移行することもできます。

Q14 障害年金受給者の年金保険料

障害年金受給者は、年金保険料を支払わなければならないのですか？

A14

　障害等級1級又は2級の障害年金を受給できる人は、国民年金保険料を支払う義務がなくなります。これを「法定免除」といいます。しかし、将来的に障害状態が改善して、老齢基礎年金を受給することとなった場合に備えて、保険料を納付することを選択することもできます。

　なお、平成26年3月分以前の国民年金保険料については、免除か納付かを選択することはできず、免除とされます。

★ 知っておきたい＋αの知識：「障害年金と老齢厚生年金」

　障害年金受給者であっても、厚生年金が適用される会社に常勤として勤務する場合には、厚生年金の加入者となり、その給与に応じて厚生年金保険料を納付します。国民年金保険料のように保険料納付が選択制になるわけではありません。厚生年金加入者として納付した厚生年金保険料については、65歳から支給される老齢厚生年金の額に反映され、障害基礎年金と老齢厚生年金を組み合わせて受給することができます。

　50歳以上の人であれば、年金事務所で将来の受給年金額の試算ができますので、一度相談に行ってみるとよいでしょう。

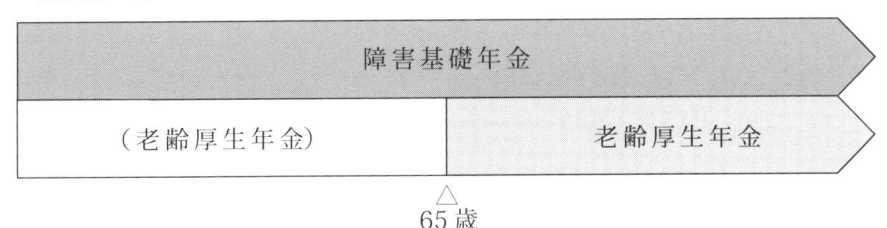

障害基礎年金	
（老齢厚生年金）	老齢厚生年金

△
65歳

(2)パターンその2

初診日が60歳以上65歳未満で公的年金に加入していない「障害認定日請求」

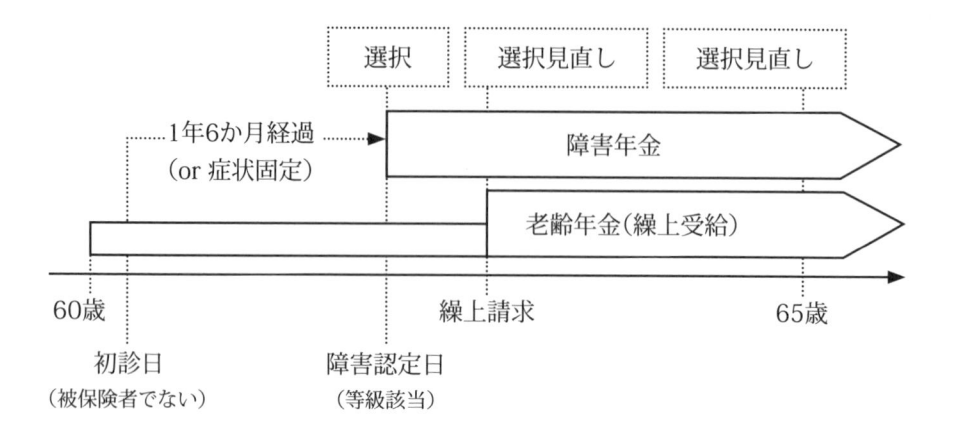

```
           選択      選択見直し    選択見直し
   ┄1年6か月経過┄→  ┌─────────────────────┐
    （or 症状固定）  │       障害年金        │
                    └─────────────────────┘
  ┌──────────────┐  ┌─────────────────────┐
  │              │  │   老齢年金（繰上受給）   │
  └──────────────┘  └─────────────────────┘
  60歳              繰上請求              65歳
  初診日            障害認定日
 （被保険者でない）   （等級該当）
```

★ 知っておきたい＋αの知識：「受給する年金の選択」

①65歳前

　いずれか1種類の年金しか受給することができません。通常は受給額が一番高い年金を選ぶことになります。

②65歳以上

　1) 老齢基礎年金＋老齢厚生年金
　2) 障害基礎年金＋老齢厚生年金
　3) 障害基礎年金＋遺族厚生年金
　4) 障害基礎年金＋障害厚生年金

などの受給の組み合わせが可能です。

> 💡 **ここがポイント**
>
> 老齢年金の繰上受給後に請求できるのは、障害認定日請求による障害年金に限られ、事後重症による障害年金の請求はできませんので注意してください。

Q13 老齢年金を繰上受給している人の障害年金請求

老齢年金を65歳前から繰上げて受給していますが、障害年金の請求はできないでしょうか？

A13

年金事務所に相談に行くと「老齢年金の繰上受給＝障害年金の請求権なし」と説明されることがありますが、老齢年金を繰上受給していても障害年金の請求権がある場合があります。全部で4パターンありますが、本書ではそのうち主な2パターンを紹介します。

65歳前に老齢年金を繰上げて受給している人に障害年金の権利が発生する場合、いずれか一方の年金を選んで受給しなければなりません（受給する年金の「選択」）。ただし、65歳になると障害年金と老齢年金が一部併給できる仕組みがあるため、受給する年金の「選択」を見直す必要があります（年金事務所への届出が必要）。

(1) パターンその1

初診日が60歳前の国民年金又は厚生年金加入中にある「障害認定日請求」

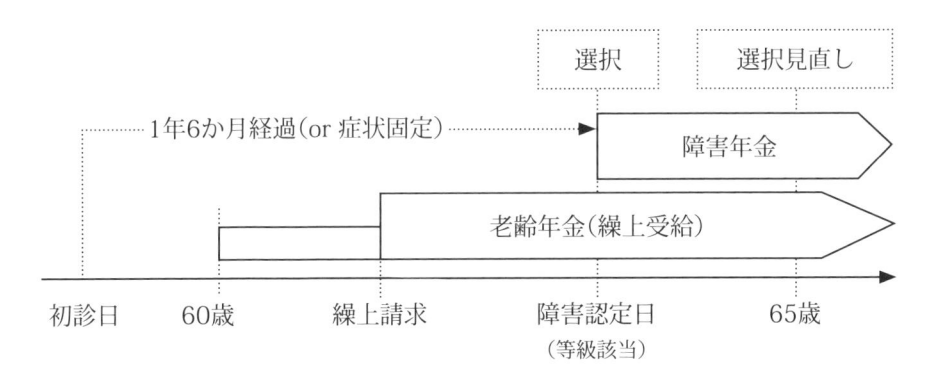

Q12 障害年金における所得制限

障害年金に所得制限はありますか？

A12

20歳前障害による障害基礎年金については、所得制限があります。毎年7月に日本年金機構より送付される書類にて、7月31日までに所得の状況を届け出なければなりません（市町村窓口に提出）。

なお、所得による支給停止は、その年の8月分から翌年の7月分までを1つの期間として、全額支給停止又は半額支給停止の2種類があります。

（平成27年4月1日時点）

支給停止の種類	所得限度額
全額支給停止	扶養親族なしの場合　4,621,000円
	扶養親族が1人増えるごとに38万円を加算した額となる。
半額支給停止（注）	扶養親族なしの場合　3,604,000円
	扶養親族が1人増えるごとに38万円（所得税法に規定する老人控除対象配偶者又は老人扶養親族であるときは1人につき48万円、特定扶養親族又は控除対象扶養親族であるときは1人につき63万円）を加算した額となる。

注：障害基礎年金が半額支給停止になっても、子の加算は全額支給。

★ 知っておきたい＋αの知識：「就労と障害年金の更新」

前述のとおり、所得制限を受ける障害年金は、20歳前障害による障害基礎年金だけです。しかし、精神疾患により障害年金を受けている者が就労する場合、その就労の内容や程度によりますが、障害状態が改善したと判断され、障害年金の支給が停止されることがあります。就労している人の障害年金更新時には、診断書の就労欄の記載内容に細心の注意を払わなければなりません。

Q11 障害年金支給決定後の手続きと注意点

障害年金の受給が決定した後の手続きや注意点を教えてください。

A11

　障害年金の支給要件の1つは「障害状態にあること」です。つまり、障害状態が定期的に確認されます。この確認は「障害状態確認届」という書類(診断書)で行われます。障害年金が決定(又は障害状態確認届を提出)すると、次回診断書提出年月(1年〜5年の期間で決定されます)が通知され、提出年月に日本年金機構から書類が送付されてきます。「障害状態確認届」の提出が遅れると、障害年金が「差止」されてしまいますので注意しましょう。

⭐ 知っておきたい＋αの知識：「障害状態確認届による減額改定」

　「障害状態確認届」を提出して審査を受けた結果、これまでの障害等級よりも低い程度に認定されることがあります。これにより、受給年金額の減額や支給停止となります。不利益な処分が科せられた場合には、審査請求(不服申立)の提起や「支給停止事由消滅届」(198頁参照)の提出を検討することになります。

💡 **ここがポイント**

　「差止(さしとめ)」という行政処分は、必要な書類提出がないために審査ができず、行政側が障害年金の支給を「仮止め」している状態です。必要な書類が提出され、支給継続が可能だと判断されれば、「仮止め」されていた年金は遡(さかのぼ)って支給されます。これに対し、「支給停止」という行政処分の場合、支給停止から支給停止解除までの期間の年金が遡及(そきゅう)して支給されることはありません。この2つの用語の意味は区別して理解しておきましょう。

■障害年金と傷病手当金の併給調整(計算例)

<設定>
① 全国健康保険協会の健康保険に加入している
② 傷病手当金の最終支給対象日:平成27年3月22日
③ 傷病手当金の日額(**54頁参照**):8,000円(標準報酬月額36万円)
        360,000円÷30=12,000円
        12,000円×2/3=8,000円
④ 障害厚生年金受給権発生日:平成27年1月20日
⑤ 障害厚生年金の額:1,080,000円(3級)
⑥ 障害厚生年金の日額:3,000円(年額/360)
⑦ 傷病手当金と障害厚生年金の支給事由が同じ(同一傷病)

<イメージ図>

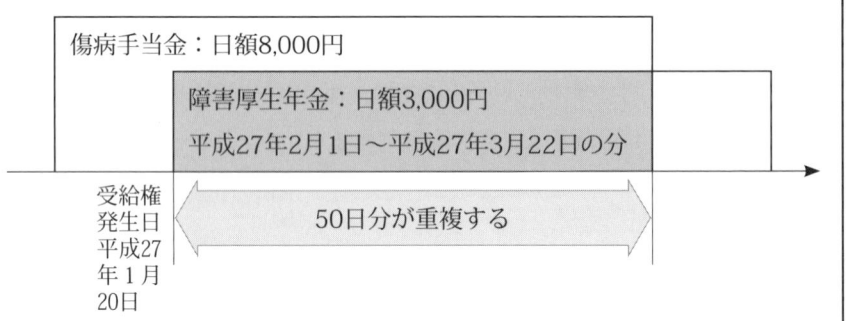

傷病手当金:日額8,000円

障害厚生年金:日額3,000円
平成27年2月1日〜平成27年3月22日の分

受給権発生日 平成27年1月20日

50日分が重複する

<計算と解説>
 障害厚生年金の受給権が平成27年1月20日に発生すると、翌月1日である平成27年2月1日分から併給調整の対象となります。平成27年3月22日分までの傷病手当金を受け取った後に、障害厚生年金の受給権が遡及で決定した場合、3,000円×50日分(=150,000円)を全国健康保険協会に返還しなければならない計算です。

第❸章 ▷ 経済的支援をよりよく実践するための Q&A

Q10 障害年金と傷病手当金の併給調整

健康保険の傷病手当金を受けている場合、障害年金は減額されてしまうのでしょうか？

A10

同一原因により健康保険の傷病手当金と障害年金（国民年金・厚生年金保険）の受給の権利がある場合、障害年金が優先支給され、傷病手当金が減額又は不支給となります。

具体的には、次のようになります。

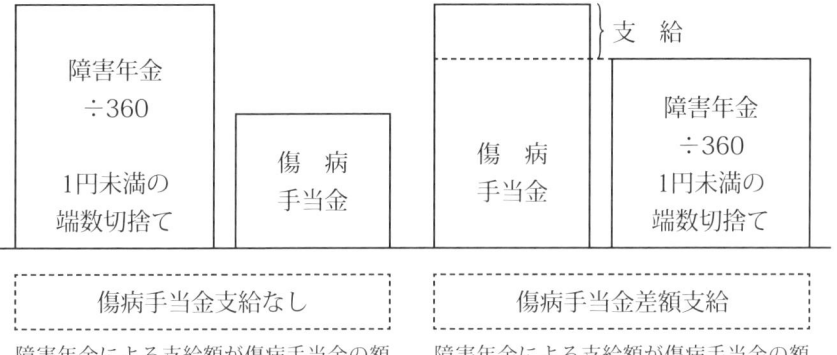

傷病手当金支給なし	傷病手当金差額支給
障害年金÷360　1円未満の端数切捨て／傷病手当金	傷病手当金／障害年金÷360　1円未満の端数切捨て（支給）
障害年金による支給額が傷病手当金の額を上回る場合、傷病手当金は支給されません。	障害年金による支給額が傷病手当金の額を下回る場合、障害年金に加えて傷病手当金からその差額が支給されます。

★ 知っておきたい＋αの知識：「傷病手当金の返納」

通常、障害年金よりも先に傷病手当金が支給されています。傷病手当金を受給している人が同一事由（同じ病気やけが）で障害年金を受給できるようになった場合には、健康保険の窓口に申出をしなければなりません。

傷病手当金の申請用紙中の障害年金の受給の有無を記載する欄を使用しても構いませんし、別途健康保険の窓口に申し出ても構いません。早めに返納額や調整額を確定させるよう心がけましょう。

Q9 病歴・就労状況等申立書の書き方とポイント

「病歴・就労状況等申立書」の作成のアドバイスを求められています。どのような視点で支援すればよいでしょうか？

A9

「病歴・就労状況等申立書」の役割を理解すると、支援のポイントとチェックすべき事項がみえてきます。

下表にまとめましたので、参考にしてください。

「病歴・就労状況等申立書」の役割
「受診状況等証明書」や「診断書」は一時「点」であるのに対し、「病歴・就労状況等申立書」は、それら点と点を結ぶ「線」の役割をもっています。難解な用語の羅列よりも、発病から現在までの流れを切れ目なく記載することが重要です。 なお、傷病の病歴が「継続」しているのか、「再発」なのか等を判断する重要な審査資料ですので、特に「受診していない期間」については慎重に記載しなければなりません。

チェックポイント	内容等
①発病日や初診日は正確に記載されているか？	「診断書」や「受診状況等証明書」と矛盾点がないかどうかを確認する。
②治療・病歴経過は正確に記載されているか？	受診した医療機関や時期は、事実に基づいて順番に記載されているかを確認する。また、医師が書いた証明書と矛盾がないかどうかも確認する。
③治療・病歴経過が切れ目なく記載されているか？	発病から現在までのストーリーが途切れていないかを確認する。また、医師が書いた証明書と矛盾がないかどうかも確認する。
④先天性疾患の場合、幼少期からの記載があるか？	必要に応じて年金事務所に常備している所定の様式を添付する。

Q8 精神疾患が混在する場合の取扱い

精神障害が重複する場合や診断名が変更される場合に、どのように考えて対応したらよいでしょうか？

A8

発達障害や知的障害のある人に、うつ病や統合失調症が生じた場合等の取扱いが厚生労働省により以下のとおり示されています。

なお、知的障害、発達障害が関係しない神経症や精神疾患については、その出現している病態をもとに傷病の同一性や因果関係が個々に審査認定されます。

前発疾病	後発疾病	取扱い
発達障害	うつ病	前発疾病と後発疾病は「同一の疾病」として取り扱われる。
	神経症で精神病様態	
知的障害(軽度)	発達障害	
知的障害	うつ病	
うつ病 統合失調症	発達障害	「診断名の変更」として取り扱われるので前発疾病と後発疾病は「同一の疾病」とされる。
知的障害 発達障害	統合失調症	前発疾病の病態として統合失調症の病態が出現している場合は「同一の疾病」として取り扱われる(診断書等により病態の確認が行われる)。
	うつ病・統合失調症以外の精神疾患	前発疾病と後発疾病は「別の疾病」として取り扱われる。
知的障害	神経症で精神病様態	

区分D: 知的障害

①知能指数のみに着目するのではなく、日常生活における様々な場面での援助の必要性を考慮して等級が判定される仕組みであることを知ったうえで、診断書等を整備する必要があります。

②知的障害と他の精神疾患(発達障害やうつ病など)が併存している場合は、総合的に病状判断が行われるため、併存する精神疾患についても漏れなく診断書に反映させてください。

区分E: 発達障害

①発達障害は「社会行動」や「コミュニケーション能力」の障害による日常生活上の制限等に着目して認定が行われます。知能指数が高い人でも認定対象となる可能性がありますので、障害年金に該当するかどうかの判断や相談は慎重に行う必要があります。

②知的障害を伴わない発達障害の場合、初診日が成人後の厚生年金加入中の場合がありますので、「発達障害＝20歳前」という先入観は大変危険です。注意してください。

⭐ 知っておきたい＋αの知識:「精神障害が重複する場合の認定」

複数の精神障害が重複している場合、個々の障害状態を分けて判定することができないため、「総合認定」(**198頁参照**)という手法が用いられます。つまり、今現在の病状がどうなっているのかを総合的に判断することになります。

⭐ 知っておきたい＋αの知識:「国民年金・厚生年金保険障害認定基準」

障害年金の障害等級は1・2級が国民年金法施行令別表、3級が厚生年金保険法施行令別表第一に規定されていますが、これらだけでは実務的に不十分であるため、「国民年金・厚生年金保険障害認定基準」(「国民年金・厚生年金保険障害認定基準の改正について」(平成14年3月15日庁保発第12号)により実際の審査・認定が行われています。「障害認定基準」は日本年金機構のホームページで公開されています。

Q7 精神障害にかかる障害認定基準とポイント

障害年金の対象となる精神障害はどのようなものがありますか？ また、それらのポイントや注意点があれば教えてください。

A7

障害年金が対象としている精神障害は広範囲に及びます。精神障害の認定基準の区分(A〜E)と主な傷病での障害年金請求の可否・ポイント等を次表にまとめます。

区分A: 統合失調症、統合失調症型障害及び妄想性障害並びに気分(感情)障害
①統合失調症、双極性障害又はうつ病など区分Aに例示された傷病は障害認定の対象となります。 ②神経症と人格障害は原則として、認定対象とされていませんが、精神病態を示していれば認定対象となることがありますので、傷病名だけで請求をあきらめることがないよう留意してください。

区分B: 症状性を含む器質性精神障害
①高次脳機能障害やアルコール精神病も認定対象です。 ②脳血管疾患や頭部外傷による高次脳機能障害の場合、肢体障害や言語機能障害等が併存することがありますので、障害年金の請求の際には注意が必要です。「併合認定」(199頁参照)の可能性があります。 ③違法薬物による精神障害は、原則として支給が制限されますが、自己の意思に基づかない投与等が原因の場合には、障害年金が支給されることがあります。その経過についてしっかりと聴き取りをすることが必要です。

区分C: てんかん
①発作のタイプ(詳細は「国民年金・厚生年金保険障害認定基準」を参照)と頻度によりおおむね障害等級が決まります。 ②服薬や外科的治療によりてんかんが抑制される場合には、障害年金の支給対象とはなりません。

Q6 診断書(精神の障害用)のチェックポイント

診断書(精神の障害用)の内容をチェックしてほしいと言われました。どのようなポイントに注意すればよいでしょうか?

A6

診断書(202頁参照)の主な項目のチェックポイントは下表のとおりです。

診断書項番	チェックのポイント等
①傷病名	カルテに基づく。ICD-10コード(198頁参照)の記入漏れに注意してください。
②発病日 ③初診日	他の証明書や本人の記憶と食い違いがないかを確認します。「本人申立」の場合、日付の記入漏れがないように注意してください。
⑦病歴経過等	カルテに基づく。「陳述者、続柄、聴取日」の記載漏れに注意。また、発病の頃から現在までの流れに矛盾点はないかを確認します。
⑨経歴・受診歴等	診断書を作成する医師に事前に情報提供をしておくと実態を反映した記載となります。また、治療歴と初診日の整合性は重要な確認事項です。
⑩ア・イ　病状	病状が正確かつ詳細に記載されているかどうかを確認します。必要に応じて訂正を求めます。
⑩ウ　日常生活	日常生活能力の判定及び程度について、病状が正確に反映されているかどうかを確認します。
⑩エ　就労	診断書を作成する医師に事前に情報提供をしておくと実態を反映した記載となります。なお、職場での支援や意思疎通の状況は詳細に記載するようにしましょう。
⑪生活・労働能力 ⑫予後	記載漏れがないかどうかを確認します。

Q5 障害認定日頃に医療機関を受診していない場合の対応

障害認定日請求をしたいのですが、障害認定日以後3か月以内に医療機関を受診していません。障害認定日請求はあきらめなければいけませんか?

A5

原則として、障害認定日請求をする場合、障害認定日以後3か月以内の状態を記載した診断書が必要です。しかし、様々な理由で本来必要とされる診断書が提出できない場合があります。このような場合でも、あきらめてはいけません。

対応例を下表に示しますので、参考にしてください。

	事案の概要	対応例
対応例1	障害認定日以後3か月以内の受診はないが、その前後に受診日がある。	障害認定日前後の診断書を提出することで障害認定の審査を受けることが可能な場合があります。障害認定日前後の診断書を各1枚取得します。診断書備考欄に「障害認定日時点の障害状態も同程度と推察される」等の一文が入るとより効果的です。
対応例2	20歳前障害による障害認定日(20歳)以後3か月以内に受診していないが、20歳前3か月以内の受診がある。	20歳前障害の障害認定日請求をする場合、20歳前3か月以内の診断書でも有効とされます。結論として、20歳前後3か月以内の診断書が有効ということになります。また、20歳前に精神障害者保健福祉手帳や各種手当を受けるときの診断書等も参考資料となります。

(2)必要な診断書とその枚数等

請求パターン	必要な診断書と枚数	年金の支給開始時期
障害認定日請求	障害認定日以後3か月以内の現症の診断書1枚	障害認定日の属する月の翌月分から支給
障害認定日請求（遡及請求）	障害認定日以後3か月以内の現症の診断書1枚と裁定請求日（年金請求書を年金事務所に提出し、受理された日）以前3か月以内の現症の診断書1枚	障害認定日の属する月の翌月分から支給（ただし、遡及可能なのは5年分まで）
事後重症請求	裁定請求日以前3か月以内の現症の診断書1枚	裁定請求日の属する月の翌月分から支給

(図3-1)障害認定日請求… 診断書1枚

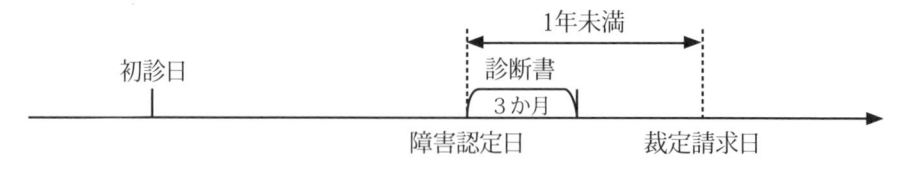

初診日 — 障害認定日（診断書 3か月）— 裁定請求日
1年未満

(図3-2)障害認定日請求（遡及請求）… 診断書2枚

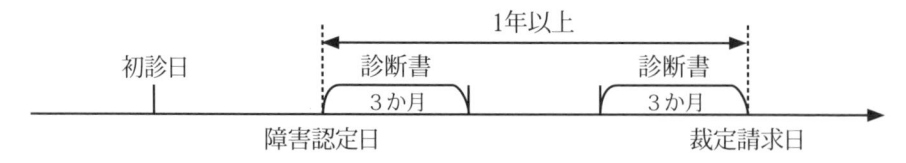

初診日 — 障害認定日（診断書 3か月）— 裁定請求日（診断書 3か月）
1年以上

(図3-3)事後重症請求… 診断書1枚

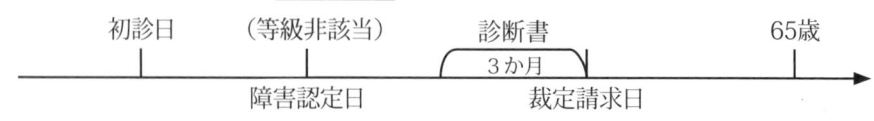

初診日 —（等級非該当）障害認定日 — 診断書 3か月 裁定請求日 — 65歳

Q4 障害年金の請求パターンと必要な診断書

障害年金の請求パターンがいくつかあると聞きました。必要な診断書枚数等を含めて教えてください。

A4

障害基礎年金・障害厚生年金の請求パターンは、何種類かありますが、「障害認定日請求(「本来請求」ということもあります)」と「事後重症請求」が大多数であるため、この2つについて説明します。

(1)障害認定日請求と事後重症請求の概要

	20歳前障害以外による請求	20歳前障害による請求
障害認定日請求	障害認定日(34頁参照)において、障害等級に該当している場合には、障害年金が支給される。 ➡図3-1・図3-2参照	障害認定日又は20歳到達日のいずれか遅いほうにおいて、障害等級に該当している場合には、障害基礎年金が支給される。
事後重症請求	障害認定日において障害等級に該当していなかったが、その後病状が悪化したことにより障害等級に該当した場合に障害年金を請求できる。ただし、この請求は65歳到達日の前日(65歳の誕生日の2日前)までに行わなければならない。なお、65歳前でも老齢年金の繰上げ受給をしている場合は、事後重症の障害年金を請求することはできない。 ➡図3-3参照	

知っておきたい＋αの知識：「初診日確定のための資料」

初診日の証明が医療機関から取れない場合には、できる限り証拠物を提出するようにしましょう。行政側も何らかの資料があれば初診日と認定する理由づけができる場合があります。以下のような資料でも初診日認定されることがあります。

- 母子健康手帳のコピー（発育の遅れ等）
- 病院のパソコンに残っていた受診日の記録
- 医師の氏名や診察科名及び日付が入った診察券
- 大学病院等で研究用に保存されていた資料
- 身体障害者手帳や交付申請時の診断書の写し
- 医療情報サマリー
- 交通事故証明
- 労災給付申請書類

など

知っておきたい＋αの知識：「第三者証明による初診日の認定」

これまで20歳前傷病による障害年金請求に限って認められていた第三者証明による初診日の認定が、平成27年10月からはすべての障害年金請求に拡大されました。

【初診日が20歳以後の場合】
- 第三者証明 ＋ 他の資料（客観的なものであること） が必要
  - ①初診日当時に見て知った
  - ②初診日当時に聞いて知った
  - ③初診日当時ではないが今から「5年以上前」に聞いて知った

【初診日が20歳前の場合】
- 第三者証明 のみでも総合判断により初診日の認定が可能

※注：第三者証明は、原則として、2名から取得することが求められますが、当時を知る医療従事者（当時の担当医や看護師等）であれば、単独の証明でも有効とされます。なお、これまでと同様に、三親等内親族による第三者証明は認められない取扱いです。

Q3 初診日証明が取得できない場合の対応

初診日の証明が取れません。どう対応したらよいでしょうか？

A3

カルテの保存期限（5年）経過や医療機関の閉院等の理由により初診日の証明が受けられないことがあります。この場合には、以下のような手順で対応することになります。

＜初診日証明が取得できないときのフロー＞

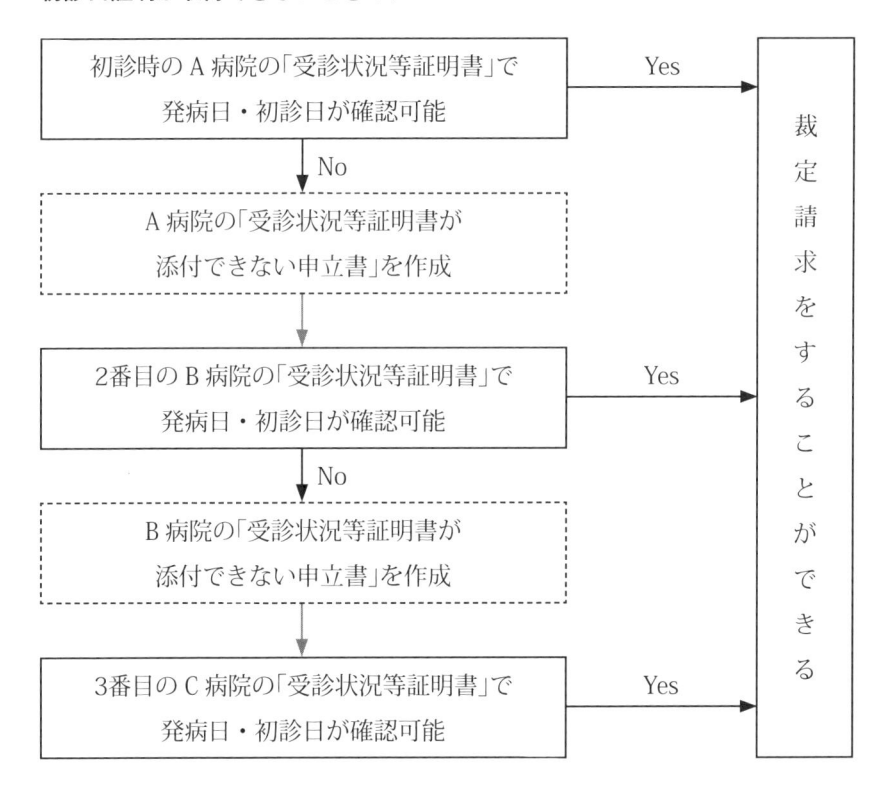

```
┌─────────────────────────────┐
│ 初診時のA病院の「受診状況等証明書」で │──Yes──┐
│   発病日・初診日が確認可能        │       │
└─────────────────────────────┘       │
           │ No                         │
           ▼                            │
┌─────────────────────────────┐       │
│ A病院の「受診状況等証明書が      │       │
│   添付できない申立書」を作成      │       │
└─────────────────────────────┘       │
           │                            │
           ▼                            │   裁
┌─────────────────────────────┐       │   定
│ 2番目のB病院の「受診状況等証明書」で │──Yes──┤   請
│   発病日・初診日が確認可能        │       │   求
└─────────────────────────────┘       │   を
           │ No                         │   す
           ▼                            │   る
┌─────────────────────────────┐       │   こ
│ B病院の「受診状況等証明書が      │       │   と
│   添付できない申立書」を作成      │       │   が
└─────────────────────────────┘       │   で
           │                            │   き
           ▼                            │   る
┌─────────────────────────────┐       │
│ 3番目のC病院の「受診状況等証明書」で │──Yes──┘
│   発病日・初診日が確認可能        │
└─────────────────────────────┘
```

※以下、確認ができるまでこの繰り返し……

⭐知っておきたい＋αの知識：「相当因果関係」

「前の傷病がなかったならば、後の疾病が起こらなかったであろう」と認められる場合には、「相当因果関係あり」とされ、前後の傷病を同一傷病とみなすという考え方です。初診日が(相当因果関係のある)最初の傷病の初診日に遡ることになります。

【相当因果関係あり】
①糖尿病と糖尿病性網膜症・糖尿病性腎症・糖尿病性神経障害、糖尿病性動脈閉塞症等は、相当因果関係あり。
②糸球体腎炎(ネフローゼを含む)、多発性のう胞腎、腎盂腎炎に罹患し、その後慢性腎不全を生じたものは、両者の期間が長いものであっても、相当因果関係あり。
③肝炎と肝硬変は、相当因果関係あり。
④結核の化学療法による副作用として聴力障害を生じた場合は、相当因果関係あり。
⑤手術等の輸血により肝炎を併発した場合は、相当因果関係あり。
⑥ステロイド投薬による副作用で大腿骨頭無腐性壊死が生じた場合は、相当因果関係あり。
⑦事故又は脳血管疾患による精神障害がある場合は、相当因果関係あり。
⑧肺疾患に罹患し手術を受け、その後呼吸不全を生じたものは、両者の期間が長いものであっても、相当因果関係あり。
⑨転移性悪性新生物は、原発とされるものと組織上一致するか否か、転移であることを確認できたものは、相当因果関係あり。

【相当因果関係なし】
①高血圧と脳出血・脳梗塞は、相当因果関係なし。
②糖尿病と脳出血・脳梗塞は、相当因果関係なし。
③近視と黄斑部変性・網膜剥離・視神経萎縮は、相当因果関係なし。

Q2 初診日の認定

障害年金の請求には「初診日」が重要だと聞きました。どのような日が初診日とされるのでしょうか？また、必要書類や注意点があれば併せて教えてください。

A2

一般的に初診日とは、障害の原因となった傷病について「初めて医師又は歯科医師(以下「医師等」という)の診療を受けた日」といい、障害年金制度においては次の①〜⑨を初診日として取扱うこととされています。

---
①初めて診療を受けた日(治療行為または療養に関する指示があった日)

②同一の傷病で転医があった場合は、一番初めに医師等の診療を受けた日

③過去の傷病が治癒し同一傷病で再度発症している場合は、再度発症し医師等の診療を受けた日

④傷病名が確定しておらず、対象傷病と異なる傷病名であっても、同一傷病と判断される場合は、他の傷病名の初診日が対象傷病の初診日

⑤じん肺症(じん肺結核を含む)については、じん肺と診断された日

⑥障害の原因となった傷病の前に相当因果関係があると認められる傷病があるときは、最初の傷病の初診日が対象傷病の初診日

⑦先天性の知的障害(精神遅滞)は出生日

⑧先天性心疾患、網膜色素変性症などは、具体的な症状が出現し、初めて診察を受けた日

⑨先天性股関節脱臼は、完全脱臼したまま生育した場合は出生日が初診日、青年期以降になって変形性股関節症が発症した場合は、発症後に初めて診察を受けた日

これらの日は、「受診状況等証明書」という様式を医療機関等で作成してもらうことで証明します。本人申立のみの資料や医療機関や医師が証明したもの以外の資料では、初診日の証明として取り扱われない場合があるので、注意が必要です。

COLUMN

障害年金は
どのようにして審査・決定がなされるのか？

　年金事務所や市町村(以下「年金事務所等」という)で受け付けられた障害年金の請求書は、どのような事務の流れで審査・決定まで行われているのか、決定内容はどのようなものがあるのかなど、支援者として知っているようで知らないことがあります。

　以下、紹介と解説をします。

■障害年金請求書提出から処分・決定までのフロー（平成29年6月現在）

1. 裁定請求（年金事務所等の窓口）

↓

2. 年金事務所等及び各都道府県に置かれる事務センターで形式審査

↓

3. 障害厚生年金および障害基礎年金の等級認定は、 日本年金機構本部

↓

4. 審査結果の通知（支給決定処分、不支給処分、却下処分）

　初診日が厚生年金にあるもの（＝障害厚生年金）は日本年金機構本部、それ以外（＝障害基礎年金）は各都道府県事務センターで等級認定が行われていましたが、平成29年4月からは日本年金機構本部での一括審査になりました。

　また、決定(処分)には3種類(支給決定処分、不支給処分、却下処分)あることを知っておきましょう。不支給処分は、障害等級に該当しない場合等に行われます。却下処分は、初診日が不明な場合や不十分な診断書で障害認定ができない場合等に行われます。

（高橋裕典）

手順6	象者がある場合には、戸籍謄本・世帯全員の住民票・所得証明を添付しなければなりません。その他必要書類は、年金事務所の指示を受けてそろえます。
手順7〜9	年金請求書一式を窓口に提出します。2〜3か月程度で結果が本人に通知されます。支給決定の場合には、「年金証書」が送付され、不支給や却下の場合には、その旨記載された通知が送付されます。

		出する
8	支給決定等の連絡	□支給決定までは2〜3か月程度要する（地域差あり）
9	初回年金振込	□支給決定から約50日で初回振込み（入金日約1週間前に「年金振込通知書」が届く）

(2) 各手順における相談・支援のポイント

手順1	じっくりと時間をかけて発病の頃から現在までの話を聴き取るようにしましょう。「初診日」から聴き始めるのではなく「具合が悪くなり始めたころ（発病日）」から聴き始めると、効果的でスムーズな初期面談になります。
手順2	必ず年金事務所で年金記録を確認してください（年金記録が印字されたものを交付してもらうとよい）。聴き取りをした初診日の前日において保険料がきちんと納付されているか（保険料納付要件）を確認します。保険料納付要件を満たしている（または満たしていると思われる）場合に、年金事務所で「受診状況等証明書」の様式が交付されます。
手順3	年金事務所で交付を受けた「受診状況等証明書」を初診の医療機関にもって行きます。初診の医療機関が閉院していたりカルテの保存年限が過ぎていたりなどの理由で「受診状況等証明書」が取得できない場合は、Q3：98頁の手順で対応してください。
手順4	年金事務所で交付を受けた「診断書」を医療機関にもって行きます。診断書を作成してもらうに当たり、病状や日常生活の状況を事前に正確に伝えておくことが重要です。
手順5	年金事務所で交付を受けた「病歴・就労状況等申立書」を作成します。「受診状況等証明書」や「診断書」等との整合性を見ながら、発病から現在までのことを切れ目なく記載します。
	独身者や加算額対象者がいない場合には、住民票を添付します。加算額対

I 障害年金制度

Q1 障害年金の相談から支給決定までの流れ

初めて障害年金の相談を受けることになりました。相談の流れやポイントについて教えてください。

A1

(1) 相談から支給決定までの流れ

	手順	確認事項・必要な取組み等
1	初期面談	□発病から初診までの状況 □これまでの受診状況 □現在の病状 □年金加入歴　など を確認する
2	年金記録の確認	□必ず年金事務所で確認する
3	初診日証明の取得	□初診医療機関で「受診状況等証明書」を作成してもらう （1枚3,000円程度）
4	診断書の取得	□必要となる診断書を医療機関に作成してもらう （1枚5,000円〜1万円程度）
5	病歴・就労状況等申立書の作成	□診断書等との整合性を見ながら作成する
6	添付書類の整備	□住民票など請求に必要な書類を市役所等で取得する
7	年金請求書の提出	□最寄りの窓口（年金事務所等）に提

第3章 経済的支援をよりよく実践するためのQ&A

第❷章▷知っておきたい経済的な支援施策の仕組み

COLUMN

制度ごとの自己負担軽減制度、合算できる仕組みもあります！
～「高額医療・高額介護合算療養費」を知っていますか？

　高齢になり、医療と介護の両方が必要になると、経済的な負担がより一層増大します。1年間(毎年8月1日～翌年7月31日)の医療保険の自己負担(上限は高額療養費：55頁)と介護保険の自己負担(上限は高額介護(予防)サービス費：87頁)の合計が高額になる場合に、負担を軽減する仕組み(高額医療・高額介護合算療養費制度)があります。この制度はあまり知られておらず、十分活用されていない現状があります。該当しそうな人がいた場合には、ぜひ紹介しましょう。

例1：70歳未満(市町村民税非課税、区分Ⅱ：夫婦が同一保険)の例

夫(68歳)		妻(68歳)		世帯合計
医療費20万円、 介護費5万円負担	＋	医療費10万円、 介護費20万円負担	＝	医療費＋介護の 世帯合計55万円

【世帯負担額55万円】－【限度額34万円】＝【支給額21万円】

例2：70歳以上(市町村民税非課税、区分Ⅰ：夫婦が同一保険)の例

夫(73歳)		妻(72歳)		世帯合計
医療費5万円、 介護費10万円負担	＋	医療費10万円、 介護費5万円負担	＝	医療費＋介護の 世帯合計30万円

【世帯負担額30万円】－【限度額19万円】＝【支給額11万円】

高額医療・高額介護合算療養費の自己負担限度額(1年間の合計額)

所得区分 (金額は標準報酬月額)		70歳以上 75歳未満	70歳未満
現役並 所得者	83万円以上	67万円	212万円
	53万～79万円		141万円
一般 所得者	28万～50万円	56万円	67万円
	26万円以下		60万円
市町村民 税非課税 世帯	区分Ⅱ	31万円	34万円
	区分Ⅰ	19万円	

(注)区分Ⅱ：被保険者が市町村民税の非課税者等の場合。
　　区分Ⅰ：被保険者とその扶養家族全員の収入から必要経費・控除額を除いた後の所得がない場合。

(越智あゆみ)

はありません。通所介護、通所リハビリテーションの食費は減免対象になりません。

4. 申請手続き

市区町村担当課に申請書を提出し、受け取った「介護保険負担限度額認定証」を利用施設に提示します。申請月の1日より前に遡って認定を受けることはできないので、利用が決まったら早めに申請を行います。有効期間は1年間で、1年ごとの更新申請が必要です。

5. 根拠

介護保険法（平成9年12月17日法律第123号）

4. 申請手続き

市区町村の担当課に申請書を提出します。介護保険被保険者証、印鑑、被保険者名義の口座番号がわかるものを持参します。

5. 根拠

介護保険法(平成9年12月17日法律第123号)

3. 介護保険法における利用者負担の軽減
―― ②特定入所者介護(予防)サービス費(介護保険負担限度額認定)

1. 制度の目的

施設サービス等を利用する際の食費と居住費(滞在費)が、所得の少ない人にとって負担にならないよう、所得に応じた負担限度額を設けています。

2. 実施機関(窓口)

市区町村の介護保険担当課に申請書を提出します。

3. 対象・支給要件・負担軽減額

この制度は、食費・居住費(滞在費)について、実際にかかった負担額と所得段階に応じた負担限度額(表2-10)の差額分を市区町村から施設に支払うものです(利用者への給付ではありません)。利用者は、負担限度額を超える費用を支払う必要

(表2-10)食費・居住費(滞在費)の自己負担上限額

(1日につき、単位:円、平成29年4月1日現在)

段階	条件	食費	居住費(滞在費)					
			ユニット型個室	ユニット型準個室	従来型個室		多床室	
					老健・療養等	特養等	老健・療養等	特養等
第1段階	高額介護(予防)サービス費(87頁)と同じ	300	820	490	490	320	0	0
第2段階		390	820	490	490	420	370	370
第3段階		650	1,310	1,310	1,310	820	370	370
基準費用額	第1~3段階以外	1,380	1,970	1,640	1,640	1,150	370	840

2. 介護保険法における利用者負担の軽減
──①高額介護（予防）サービス費

1. 制度の目的
　65歳以上もしくは40歳以上65歳未満で特定疾病に該当する人に関しては、介護保険と障害者総合支援法でサービス内容が同じ場合には、介護保険に基づくサービスを優先的に使います（174頁）。介護サービス費用の負担軽減制度に、高額介護（予防）サービス費と特定入所者介護サービス費（介護保険負担限度額認定）があります。

2. 実施機関（窓口）
　市区町村の介護保険担当課に申請書を提出します。

3. 対象・支給要件・負担軽減額
　介護保険のサービスを利用していて、同じ月に利用したサービスの1割の利用者負担の合計額が次の上限額を超えたときは、申請により、支払額と上限額との差額が支給されます。同じ世帯に複数の介護サービス利用者がいる場合は、世帯内のすべての利用者の支払合計額と上限額との差額を支給します。福祉用具購入費、住宅改修費、施設サービス利用時の食費・居住費・滞在費・差額ベッド代・日常生活費などの自己負担分は対象外です。また、支払いから2年を過ぎたものも対象外です。

段階	条件	負担上限月額 世帯の限度額	負担上限月額 個人の限度額
第1段階	生活保護を受けている人	15,000円	15,000円
	老齢福祉年金受給者で、世帯全員が市町村民税非課税の人	24,600円	15,000円
第2段階	世帯全員が市町村民税非課税で、課税年金収入額と合計所得金額の合計が80万円以下の人	24,600円	15,000円
第3段階	世帯全員が市町村民税非課税で第2段階以外	24,600円	24,600円
第4段階	市町村民税が課税されている世帯	37,200円	37,200円
	現役並み所得（課税所得が145万円以上）の高齢者がいる世帯	44,400円	44,400円

＊：平成29年8月から、上記の枠組みを維持して限度額が引き上げられます。

(図2-3) 障害福祉サービスの利用者負担の軽減措置

利用施設	入所施設(20歳以上)	グループホーム	通所事業所	ホームヘルプ
自己負担	\multicolumn{4}{l}{利用者負担の負担上限月額設定(所得段階別) 障害福祉サービスの定率負担は、所得に応じて上限額が設定され(別表参照)、上限額以上の負担は生じません。18歳以上(18〜19歳の施設入所者を除く)の場合、所得を判断する際の世帯の範囲は、「障害者とその配偶者」です。}			
	\multicolumn{4}{l}{高額障害福祉サービス等給付費(世帯単位の軽減措置) 同一世帯での障害福祉サービスの負担額(介護保険の負担額も含む)の合算額が基準額を超える場合に支給され、負担額が軽減されます。いったん全額支払った後に申請をして、払い戻しを受ける方法(償還払い)によります。}			
			事業主の負担による就労継続A型事業(雇用型)の減免措置	
	\multicolumn{4}{l}{生活保護への移行防止 自己負担や食費等を実費負担することによって生活保護の対象となる場合、生活保護の対象とならない額まで自己負担上限月額や食費等実費負担額を引き下げます。}			
食費・光熱水費等	補足給付(食費・光熱水費を減免) 低所得者の場合、食費・光熱水費の実費負担(基準額58,000円)をしても、少なくとも手元に25,000円残るように補足給付します。	補足給付(家賃負担軽減) 生活保護又は市町村民税非課税世帯の障害者が負担する家賃に対して、利用者1人あたり月額1万円を上限に補足給付を行います。 ※食費・居住費は実費負担。通所事業を利用なら、食費の軽減措置を利用可。	食費の人件費支給による軽減措置 通所施設等では、低所得、一般1(グループホーム利用者(所得割16万円未満)を含む)の場合、食材料費(額は施設が設定)のみの負担となるため、実際にかかる額の約3分の1の負担となります(月22日利用の場合、約5,100円程度)。	

5. 根拠

障害者の日常生活及び社会生活を総合的に支援するための法律(平成17年11月7日法律第123号)

11 障害者総合支援法と介護保険制度

1. 障害者総合支援法における利用者負担の軽減

1. 制度の目的
　障害者総合支援法に基づくサービスを利用する場合、サービス量と所得等に配慮された額を負担します。経済的な負担の大きさを理由に、必要なサービスの利用の中止や制限に追い込まれることのないよう、世帯の所得状況に応じた様々な負担軽減措置がとられています。

2. 実施機関（窓口）
　市区町村の障害福祉担当課に相談してください。

3. 対象・支給要件・負担軽減額
　利用者負担に関する軽減措置は、図2-3のとおりです。

4. 申請手続き
　サービス利用希望者は市町村の窓口に申請します。障害支援区分の認定、サービス等利用計画案の作成を経て支給決定（負担上限月額：**表2-11**も決定）されると、受給者証が交付されます。利用者は、サービスにかかる費用の原則1割（世帯所得に応じた上限月額内での負担。食費、光熱水費等は別途）を事業所・施設に直接支払います。

(表2-11) 負担上限月額

区分	世帯の収入状況	負担上限月額
生活保護	生活保護受給世帯	0円
低所得	市町村民税非課税世帯	0円
一般1	市町村民税課税世帯（所得割16万円未満、年収おおむね600万円以下の世帯） ※入所施設利用者（20歳以上）、グループホーム利用者は「一般2」。	9,300円
一般2	上記以外	37,200円

COLUMN

新しくつくられた"生活困窮者自立支援制度"とは？

2015（平成27）年4月1日、「生活困窮者自立支援法」が施行されました。この制度のねらいは、生活保護に至る前の段階で自立支援の強化を図ることにあります。包括的な相談支援を行う「自立相談支援事業」で一人ひとりの状況に応じた支援計画を作成します。そのうえで、居住確保支援、就労支援、緊急的な支援、家計再建支援、子ども・若者への学習等支援を提供します。

生活福祉資金のうち総合支援資金・緊急小口資金・臨時特例つなぎ資金は、自立相談支援事業利用が原則的な貸付要件となりました。経済的支援を行う際には、両制度間の連携が重要となります。

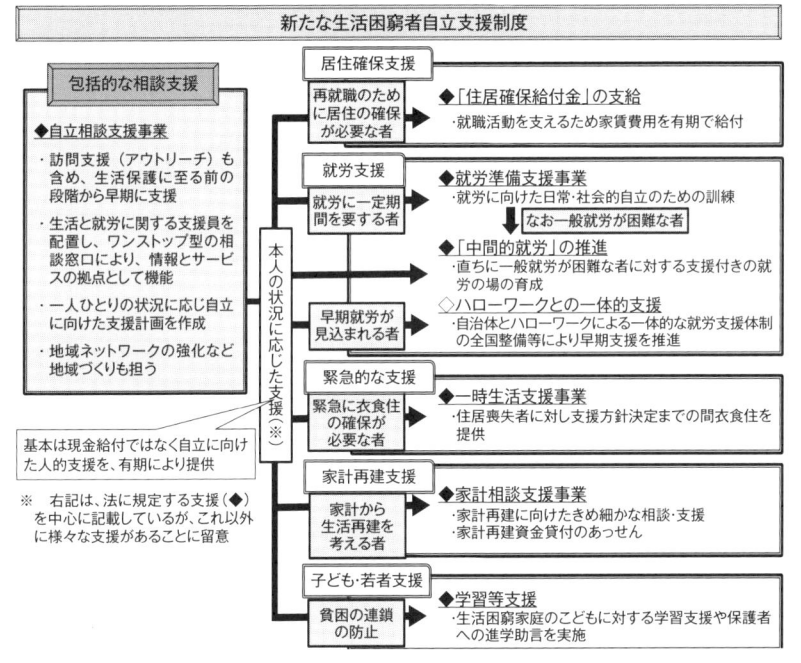

新たな生活困窮者自立支援制度

包括的な相談支援

◆自立相談支援事業
- 訪問支援（アウトリーチ）も含め、生活保護に至る前の段階から早期に支援
- 生活と就労に関する支援員を配置し、ワンストップ型の相談窓口により、情報とサービスの拠点として機能
- 一人ひとりの状況に応じ自立に向けた支援計画を作成
- 地域ネットワークの強化など地域づくりも担う

基本は現金給付ではなく自立に向けた人的支援を、有期により提供

※　右記は、法に規定する支援（◆）を中心に記載しているが、これ以外にも様々な支援があることに留意

本人の状況に応じた支援（※）

居住確保支援
再就職のために居住の確保が必要な者
→ ◆「住居確保給付金」の支給
・就職活動を支えるため家賃費用を有期で給付

就労支援
就労に一定期間を要する者
→ ◆就労準備支援事業
・就労に向けた日常・社会的自立のための訓練
↓ なお一般就労が困難な者
→ ◆「中間的就労」の推進
・直ちに一般就労が困難な者に対する支援付きの就労の場の育成
◇ハローワークとの一体的支援
・自治体とハローワークによる一体的な就労支援体制の全国整備等により早期支援を推進

早期就労が見込まれる者

緊急的な支援
緊急に衣食住の確保が必要な者
→ ◆一時生活支援事業
・住居喪失者に対し支援方針決定までの間衣食住を提供

家計再建支援
家計から生活再建を考える者
→ ◆家計相談支援事業
・家計再建に向けたきめ細かな相談・支援
・家計再建資金貸付のあっせん

子ども・若者支援
貧困の連鎖の防止
→ ◆学習等支援
・生活困窮家庭のこどもに対する学習支援や保護者への進学助言を実施

資料：厚生労働省「新たな生活困窮者自立支援制度について」

（越智あゆみ）

資金の種類			貸付限度額
総合支援資金	生活支援費	生活再建までの間に必要な生活費用	（2人以上） 月20万円以内 （単身） 月15万円以内
	住宅入居費	敷金、礼金等住宅の賃貸契約を結ぶために必要な費用	40万円以内
	一時生活再建費	生活再建のため一時的に必要かつ日常生活費で賄うことが困難な費用	60万円以内
福祉資金	福祉費	資金の用途は13種類（例：生業、技能習得、負傷・疾病の療養、冠婚葬祭、転居、被災など）。	580万円以内 ※用途に応じて上限目安額あり
	緊急小口資金	緊急かつ一時的に生計維持が困難なときに貸し付ける少額の費用	10万円以内
教育支援資金	教育支援費	低所得世帯に属する者が高等学校、大学又は高等専門学校に就学するのに必要な経費	（高校） 月3.5万円以内 （高専） 月6万円以内 （短大） 月6万円以内 （大学） 月6.5万円以内
	就学支度費	上記学校への入学に際し必要な経費	50万円以内
不動産担保型生活資金	不動産担保型生活資金	低所得の高齢者世帯に対し、一定の居住用不動産を担保として生活資金を貸し付ける資金	・土地の評価額の70％程度 ・月30万円以内
	要保護世帯向け不動産担保型生活資金	要保護の高齢者世帯に対し、一定の居住用不動産を担保として生活資金を貸し付ける資金	・土地及び建物の評価額の70％程度（集合住宅は50％） ・生活扶助額の1.5倍以内

6. 根拠

社会福祉法（昭和26年3月29日法律第45号）

生活福祉資金の貸付けについて（平成21年7月28日厚生労働省発社援0728第9号）

10 | 生活福祉資金

1. 制度の目的
　低所得者や高齢者、障害者の生活を経済的に支援するための貸付制度です。経済的支援に合わせ、民生委員が相談支援を行います。生活困窮者自立支援制度の施行に伴い、総合支援資金・緊急小口資金・臨時特例つなぎ資金(199頁参照)は自立相談支援事業の利用が原則的な貸付要件となったので、両制度間の連携が重要となります(84頁)。

2. 実施機関(窓口)
　窓口は、市区町村社会福祉協議会です(実施主体は都道府県社会福祉協議会)。

3. 対象・支給要件

低所得者世帯	必要な資金を他から借り受けることが困難な世帯(市町村民税非課税程度)
障害者世帯	身体障害者手帳、療育手帳、精神障害者保健福祉手帳の交付を受けた者等(現に障害者総合支援法によるサービスを利用しているなどこれと同程度と認められる者を含む)の属する世帯
高齢者世帯	65歳以上の高齢者の属する世帯

4. 生活福祉資金の種類と貸付限度額
　原則、連帯保証人が必要ですが、連帯保証人なしでも貸付可能です(教育支援資金は世帯内で連帯借受人が必要)。貸付利子は、連帯保証人ありは無利子、連帯保証人なしは年1.5%です(緊急小口資金と教育支援資金は無利子。不動産担保型生活資金は年3%又は長期プライムレートのいずれか低い利率)。資金の種類と貸付限度額は次頁の表のとおりです(貸付期間・償還期限も規定あり)。

5. 生活福祉資金を借りるための手続き
　市区町村社会福祉協議会に申請書類等を提出後、貸付の審査が行われます。貸付決定の場合、借用書提出後、貸付金が交付されます。貸付から返済完了まで、民生委員による相談支援が行われます。

COLUMN

経済的支援制度でよく出てくる"市町村民税非課税世帯"とは？

　経済的支援制度について学んでいると、「市町村民税非課税世帯」という言葉とたびたび出会います。本書のなかでも、繰り返し登場します。「市町村民税非課税世帯」がどれくらいの収入の世帯を指すか、想像できるでしょうか。

　個人（法人を除く）の市町村民税は、次の条件のいずれかを満たすと、均等割（所得金額にかかわらず定額で課税される）、所得割（前年の所得金額に応じて課税される）ともに非課税となります。

> ①生活保護法による生活扶助を受けている。
> ②障害者、未成年、寡婦又は寡夫で前年の合計所得金額が125万円以下（給与所得者の場合は、年収204万4,000円未満）。
> ③前年中の合計所得金額が各自治体の定める額（東京23区内の例：扶養なしの場合35万円。扶養がある場合は35万円×本人・扶養者・控除対象配偶者の合計人数＋21万円）以下。

　東京都内で、扶養家族のいない単身生活の人が、アルバイトで年間100万円の給与をもらっている例で考えてみましょう。

【給与100万円】－【給与所得控除65万円】＝【所得35万円】

　　給与をもらっている人は全員無条件に使える控除。給与が162万5,000円以下の場合、65万円

　　「給与」と「所得」は異なる点、要注意！

⇒所得35万円は上記条件の③に該当するので、市町村民税非課税に。

　単身生活者が、市町村民税がかからないようにアルバイトをするには、給与の合計が100万円以下（東京23区の場合。各自治体で異なります）である必要があります。これは所得税非課税の基準（いわゆる103万円の壁）とは異なりますので、留意が必要です。

（越智あゆみ）

5. 控除を受けるための手続き

　必要事項を記載した確定申告書を、2月16日から3月15日までの間に税務署に提出します。給与所得者は、「給与所得者の扶養控除等（異動）申告書」に、必要事項（該当者の名前、障害者手帳の種類・等級・交付年月日など）を記載して、勤務先に提出します。

6. 根拠

　所得税法（昭和40年3月31日法律第33号）

5. 控除を受けるための手続き

翌年の2月16日から3月15日までの間に、確定申告書を税務署に提出します。医療費控除を受けるには、医療費の明細書又は医薬品購入の明細書を確定申告書に添付します。医療費の領収書は確定申告から5年間は保存が必要です。控除による税還付（納付済の所得税の返金）の申告は5年前まで遡ることができます。還付申告の場合は、確定申告期間以外でも受け付けています。

6. 根拠

所得税法（昭和40年3月31日法律第33号）

2. 障害者控除

1. 制度の目的

納税者自身又は控除対象配偶者や扶養親族が所得税法の「障害者」に当てはまる場合には、税の計算時に所得から一定の額を差し引くことができます。これを「障害者控除」といいます。「特別障害者」に該当する重度の障害（171頁参照）の場合は、より高い控除額が設定されています。

2. 実施機関（窓口）

税務署です。給与所得者は、勤務先に提出する「給与所得者の扶養控除等（異動）申告書」への記載で控除を受けることができます。

3. 対象・支給要件

障害者控除の対象となる障害者の範囲は、171頁のとおりです。

4. 所得税の障害者控除の金額

区　　　分	控　除　額（＊1）
障害者 （精神障害者保健福祉手帳の場合、2・3級）	27万円
特別障害者 （精神障害者保健福祉手帳の場合、1級）	40万円（＊2）

＊1：扶養控除の適用がない16歳未満の扶養親族を有する場合も適用されます。
＊2：特別障害者（40万円控除）が同居扶養親族の場合には、35万円を加算した75万円の控除が受けられます。

9 税金

1. 医療費控除

1. 制度の目的
　所得税や住民税の計算時に所得から差し引くことができ、課税されないものを「所得控除」といいます。「医療費控除」は、自己又は自己と生計を一にする家族のために医療費を支払った場合に受けられる所得控除です。1年間の税額を計算する確定申告の際に「医療費控除」があると税金が減額されます。

2. 実施機関（窓口）
　必要事項を記載した確定申告書を税務署に提出します。勤務先で年末調整を受けた給与所得者でも、確定申告を行えば税金が減額されます。

3. 対象・支給要件
　控除の対象は、その年の1月1日から12月31日までの間に、自己又は自己と生計を一にする家族のために支払った医療費です。

4. 医療費控除の対象となる金額
　控除の対象額は、次の式で計算します（最高200万円）。

計算式：【①医療費の金額】 － 【②補てん額】 － 【③10万円】

① 通院時の交通費（自家用車のガソリン代や駐車料金は除く）なども含まれます（Q46：169頁参照）。

② 生命保険契約などで支給される入院費給付金や、健康保険などで支給される高額療養費・家族療養費など

③ 総所得金額200万円未満の場合には、総所得金額の5％となります。

例：1年間の医療費自己負担（交通費等含む）が20万円かかった場合

　課税所得300万円、補てん額なしの人だと……

【①20万円】－【②0円】－【③10万円】＝10万円×10％＝1万円

　　　　　　　　　　　課税所得195万円～330万円の人の所得税率は10％

⇒確定申告により、納付済の所得税から1万円の返金が受けられます。

COLUMN

自立支援医療支給件数の86％を占める精神通院医療

　自立支援医療は、❶身体障害者が対象の更生医療、❷障害児が対象の育成医療、❸精神障害者が対象の精神通院医療に分かれます。平成27年度の自立支援医療支給決定件数の内訳をみると、精神通院医療は181万7829件で、総数210万1718件のうち86％を占めています（図1）。自立支援医療の主たる利用者は、精神障害者といえます。

　精神通院医療で支給決定を受けた人の所得区分の内訳をみると、生活保護19％、低所得1（市町村民税非課税世帯、年収80万円以下）25％、低所得2（市町村民税非課税世帯、年収80万円超）10％で、計54％に達します（図2）。

　これらの結果からも、精神障害者の生活を支えていくためには、経済的な支援制度の理解が非常に重要になることがわかります。

図1　自立支援医療における支給決定件数の内訳（平成27年度）

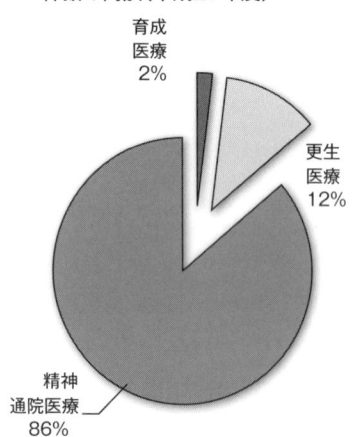

- 育成医療 2%
- 更生医療 12%
- 精神通院医療 86%

資料：厚生労働省「平成27年度　福祉行政報告例の概況」

図2　精神通院医療で支給決定を受けた人の所得区分の内訳（平成27年度）

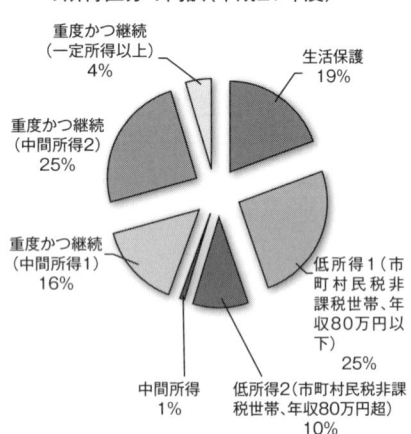

- 重度かつ継続（一定所得以上） 4%
- 重度かつ継続（中間所得2） 25%
- 重度かつ継続（中間所得1） 16%
- 中間所得 1%
- 生活保護 19%
- 低所得1（市町村民税非課税世帯、年収80万円以下） 25%
- 低所得2（市町村民税非課税世帯、年収80万円超） 10%

資料：厚生労働省「平成27年度　福祉行政報告例の概況」

（越智あゆみ）

■調剤処方費助成事業

　無料低額診療事業(73頁参照)を利用した人に対し、保険薬局での薬代も無料又は低額になるように助成します。実施しているのは、平成29年3月現在で、高知県高知市、北海道旭川市・苫小牧市・東神楽町・東川町、青森県青森市、沖縄県那覇市です。

4. 根拠
　各自治体の条例等

は一部を助成するものです。制度の名称や対象者の範囲は、自治体によって異なります。一例として、政令指定都市（20市）のうち、対象者に精神障害者を含む市は表2-10のとおりです（平成29年6月1日現在）。

（表2-10）重度心身障害者医療費助成制度の対象者に精神障害者を含む政令指定都市

	政令指定都市	対象者となる精神障害者保健福祉手帳の等級	助成範囲	精神障害者への助成に関する特記事項
1	札幌市	1級	一部	入院医療費は対象外
2	さいたま市	1級	全額	・65歳以上は対象外 ・精神病床への入院費用は対象外
3	千葉市	1級	一部	
4	横浜市	1級	全額	通院のみ対象
5	川崎市	1級	全額	入院医療費は対象外
6	相模原市	1・2級	全額	
7	新潟市	1級	一部	
8	静岡市	1級と、2級のうち6歳以下の小学校就学前	一部	
9	浜松市	1級	一部	
10	名古屋市	1・2級	全額	
11	神戸市	1級	一部	精神疾患にかかる医療費は対象外（一般医療のみ対象）
12	北九州市	1級	全額	精神病床への入院医療費は対象外
13	福岡市	1級	全額	精神病床への入院医療費は対象外
14	熊本市	1級	全額又は2/3	

075

5. 申請手続き

　診療施設の医療ソーシャルワーカーに相談します。申請者と世帯全体の収入がわかる書類を添付して申請書を提出すると、診療施設内で審査が行われます。減額・免除が決定した場合、数か月間の期間（診療施設によって異なる）を定めての適用となります。減額・免除とならなかった場合には、医療費の支払いなどに関して、他制度の活用を含めて医療ソーシャルワーカーと相談していきます。

6. 根拠

　社会福祉法（昭和26年3月29日法律第45号）
　社会福祉法第2条第3項に規定する生計困難者のために無料又は低額な料金で診療を行う事業について（平成13年7月23日社援発第1276号）

3. 自治体独自の医療費助成制度

1. 制度の目的

　全国一律に実施される制度とは別に、自治体によっては、独自の医療費助成制度を設けて、医療費自己負担の軽減を図っています。医療保険や公費負担制度（自立支援医療など）の利用が優先し、それらの自己負担分の全部又は一部を自治体が独自に助成します。

2. 実施機関（窓口）

　各自治体の担当課に確認し、申請をしてください。

3. 対象・支給要件・支給額

　対象・支給要件・支給額等は、各自治体が定めています。精神障害者が対象に含まれている具体例を紹介します。

■自立支援医療（精神通院医療）自己負担分の助成制度

　自立支援医療（精神通院医療）の自己負担分（原則医療費の1割。71頁参照）の全額もしくは一部を助成している自治体があります。広島県内（23市町）の例では、広島市と海田町は全額、福山市と府中町は半額を助成しています。

■重度心身障害者医療費助成制度

　重度心身障害者医療費助成制度は、医療費（全診療科）の自己負担分の全額もしく

認定の申請ができます。申請書に添付する診断書の提出は、再認定申請からは原則2年に1度になります。更新認定されると、有効期限末日の翌日から1年間の受給者証が交付されます。

6. 根拠
　障害者の日常生活及び社会生活を総合的に支援するための法律(平成17年11月7日法律第123号)

2. 無料低額診療事業

1. 制度の目的
　無料低額診療事業は、経済的な理由で必要な医療を受ける機会を制限されないようにするために、医療機関が生計困難者に対して無料又は低額な料金で診療を行うものです。この事業を実施する診療施設には医療ソーシャルワーカーが配置され、経済的な課題を含めた医療上、生活上の相談に対応しています。

2. 実施機関(窓口)
　事業を実施する診療施設として認可された医療機関が実施します(実施状況はQ45：168頁参照)。

3. 対象・支給要件
　経済的理由により医療費の支払いが困難な低所得者が対象です。ホームレス、配偶者からの暴力(DV)被害者、人身取引被害者なども含まれます。公的医療保険未加入者や国民健康保険料滞納により被保険者資格証明書を交付されている人も対象となります。減額・免除の要件は、診療施設があらかじめ決めています。

4. 減免・免除額
　減額・免除の対象となるのは、診療施設での医療費(院外処方される薬代や介護費用は対象外)のうち患者の自己負担分です。公的医療保険未加入者の場合は、医療費の全額が対象となります。減額か免除かは、世帯の所得状況によって決定されます。減額・免除が決定すると、申請日以降の該当分の医療費は、診療施設が負担します。

(表2-9)自立支援医療(精神通院医療)の自己負担上限額

所得区分			自己負担割合／上限額(月額)	
			「重度かつ継続」(＊3)に	
			非該当	該当
生活保護世帯			0円	
低所得1	市町村民税非課税世帯	本人収入80万円(＊1)以下	1割／上限2,500円	
低所得2		本人収入80万円超	1割／上限5,000円	
中間所得1	市町村民税課税世帯	市町村民税(所得割)3万3千円未満	1割／医療保険の自己負担上限額(高額療養費：55頁参照)	1割／上限5,000円
中間所得2		市町村民税(所得割)3万3千円以上23万5千円未満		1割／上限10,000円
一定所得以上		市町村民税(所得割)23万5千円以上	(自立支援医療対象外)	1割／上限20,000円(＊2)

＊1：80万円は、障害基礎年金2級の場合の支給額に相当します。
＊2：この設定の経過措置は、平成30年3月31日まで延長されています。
＊3：「重度かつ継続」に該当するのは、統合失調症、躁うつ病・うつ病、てんかん、認知症等の脳機能障害、薬物関連障害(依存症等)の人、精神医療に一定以上の経験を有する医師が判断した人、医療保険の多数該当の人です。

に加え、国民健康保険の場合は同一世帯全員のもの、その他の健康保険の場合は被保険者のものが必要です。精神障害者保健福祉手帳と同時に申請を行うこともできます(Q44：166頁参照)。

　申請が認められると、受給者証が発行されます。自己負担額のある人には、自己負担上限額管理票も交付されます。受診時には、受給者証と自己負担上限額管理票を提示します。受診する医療機関を変更する場合には、受診前に市町村担当窓口での手続きが必要です。

　受給者証の有効期間は1年間です。継続希望時には、期間満了の3か月前から再

8 医療費助成制度

1. 自立支援医療(精神通院医療費の公費負担)

1. 制度の目的

「自立支援医療」は、障害者の心身の障害の状態の軽減を図り、自立した日常生活又は社会生活を営むために必要な医療に対して、医療費の自己負担額を軽減する公費負担医療制度です。自立支援医療は、❶身体障害者が対象の更生医療、❷障害児が対象の育成医療、❸精神障害者が対象の精神通院医療に分かれます。ここでは、「自立支援医療(精神通院医療)」のみを取り上げます。

2. 実施機関(窓口)

市区町村の担当課に、申請書を提出します。

3. 対象・支給要件

統合失調症、うつ病、躁うつ病などの気分障害、精神作用物質による急性中毒又はその依存症、知的障害、精神病質その他の精神疾患を有する人で、通院による精神医療を継続的に要する人が利用できます。診察のほか、精神科デイケア、ナイトケア、デイ・ナイトケア、ショートケア、重度認知症デイケア及び訪問看護も対象となります(それぞれ1つの医療機関を決めて利用することになります)。

4. 通院医療費の自己負担限度額(1か月)

医療費の1割負担が原則ですが、「世帯」の所得等に応じて月額の負担上限額が設けられています(表2-9)。この「世帯」は、住民票の「世帯」とは異なり、受給者が加入している医療保険単位で認定します。したがって、異なる医療保険に加入している家族は別「世帯」になります。

自己負担分を独自に助成している自治体もあります(**75頁**)。

5. 申請手続き

申請には、❶自立支援医療費(精神通院)支給認定申請書、❷診断書(通院先の医療機関で作成)、❸健康保険証の写し、❹所得の状況を確認できるものの提出が必要です(自治体によって必要書類が異なることがあります)。❸と❹は、本人のもの

第❷章 ▷ 知っておきたい経済的な支援施策の仕組み

COLUMN

精神障害での労災請求は増加傾向にある！

　精神障害での労災請求が増えていることは、コラム「**精神疾患に関する労災認定とその認定基準**」でふれましたが、実際にはどの程度増えているのかをみてみましょう。平成25年度の統計数値（本稿執筆時点で公表されている厚生労働省の最新の資料）を紹介します。

　下図は、平成21年度から平成25年度までの「精神障害に係る労災請求・決定件数の推移」です。

　請求件数は、対前年度比152件増加で過去最高を更新しています。社会・経済情勢の変化に加え、労働環境や労働法制が変化している現代では、メンタル不調の予防的な側面を重視することは当然ですが、業務に起因して発症した精神疾患に対する保障（補償）の請求もしっかりと行っていかなければなりません。

精神障害に係る労災請求・決定件数の推移

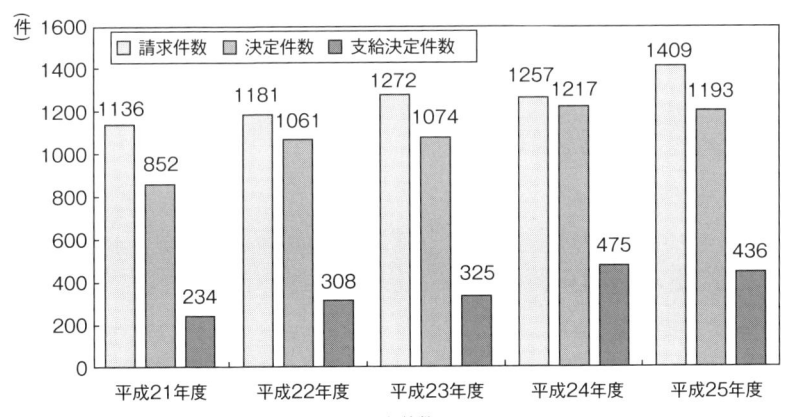

年度	請求件数	決定件数	支給決定件数
平成21年度	1136	852	234
平成22年度	1181	1061	308
平成23年度	1272	1074	325
平成24年度	1257	1217	475
平成25年度	1409	1193	436

※「決定件数」は、「業務上」と認定された件数
※「支給決定件数」は、実際に労災の支給決定が行われた件数

出典：厚生労働省／http://www.mhlw.go.jp/stf/houdou/0000049293.html

（高橋裕典）

COLUMN

精神疾患に関する労災認定とその認定基準

　仕事によるストレスが多いといわれる現代。請求件数が増えている労災による精神障害の認定について、厚生労働省は2011(平成23)年12月に「心理的負荷による精神障害の認定基準」(以下「認定基準」という)を新たに定めました。

　認定基準では、次の要件を満たすかどうかで、労災認定を行うこととされています。

①認定基準の対象となる精神障害(ICD-10のF3やF4など)に該当していること。
②認定基準の対象となる精神障害の発病前おおむね6か月の間に、業務による強い心理的負荷が認められること(「業務による心理的負荷評価表」により判断される)。
③業務以外の心理的負荷や個体側要因により発病したとは認められないこと(「業務以外の心理的負荷評価表」及び個体要因により判断される)。

　また、業務による心理的負荷によって精神障害を発病した人が自殺を図った場合は、精神障害によって、正常な認識や行為選択能力、自殺行為を思いとどまる精神的な抑制力が著しく阻害されている状態に陥ったもの(故意の欠如)と推定され、原則としてその死亡は労災認定となります。

　「労災は世界最強の社会保障」とさえいわれるくらいに手厚い補償が行われますが、「もうあの会社とはかかわりたくない」という思考回路に陥ってしまい、労災請求をしていない事案はかなりの件数に上ると推測されます。そんなときこそ、労災について豊富な知識と情報をもつ支援者の力添えが必要になるのではないかと私は思っています。

(高橋裕典)

(表2-8)常用就職支度手当の要件

1	安定した職業に就いた日前3年以内の就職について再就職手当又は常用就職支度手当の支給を受けたことがないこと
2	1年以上引き続き雇用されることが確実であると認められる職業に就いたこと
3	ハローワーク又は職業紹介事業者の紹介により職業に就いたこと
4	離職前の事業主に再雇用されたものでないこと
5	待期期間(求職申込日以後の7日間)が経過した後に職業に就いたこと
6	給付制限期間(自己都合退職等の場合3か月間の給付制限期間が設けられる)が経過した後に職業に就いたこと
7	常用就職支度手当を支給することが受給資格者等の職業の安定に資すると認められるものであること
8	受給資格者については、就職した日の前日における基本手当の支給残日数が所定給付日数の3分の1未満であること

4. 支給額(受給資格者の場合)

区分	支給額の計算方法
1. 原則(2.3.以外)	基本手当日額×90×4／10
2. 支給残日数45日以上90日未満 (所定給付日数270日以上の者を除く)	基本手当日額×支給残日数×4／10
3. 支給残日数45日未満 (所定給付日数270日以上の者を除く)	基本手当日額×45×4／10

5. 支給手続き

安定した職業に就いた日の翌日から起算して1か月以内にハローワークに「常用就職支度手当支給申請書」(「雇用保険受給資格者証」等を添付)を提出します。

6. 根拠

雇用保険法(昭和49年12月28日法律第116号)

■離職理由等と所定給付日数の比較(参考)

勤続年数15年(雇用保険の算定基礎期間も15年とします)で離職した40歳男性(月給36万円)の基本手当日額が6,000円のケース。

基本手当日額:360,000円×6÷180=12,000円

　　給付率は50%→12,000円×0.5=6,000円

区分	離職理由・状況等の例	所定給付日数	受給可能額
1. 特定理由離職者	心身の障害等による離職が特定理由離職と認められた	240日	6,000円×240日 =1,440,000円
2. 就職困難者	離職理由は自己都合だが就職困難者と認められた	300日	6,000円×300日 =1,800,000円
3. 一般の離職者 (上記1・2以外)	上記以外(一般の離職)	120日	6,000円×120日 =720,000円

3. 雇用保険(常用就職支度手当)

1. 制度の趣旨・目的

常用就職支度手当は、就業促進手当の1つとして一定の就職困難者(Q42:164頁参照)に対して給付されるものです。その給付内容は、就職祝い金に近い性質をもっています。

2. 実施機関(窓口)

住所地を管轄するハローワーク

3. 対象・支給要件

安定した職業に就いた受給資格者等(一般の求職者給付の受給資格者、特例受給資格者、日雇受給資格者を指します)であって、身体障害や精神障害等の理由により就職が困難な人などが、表2-8のすべての要件を満たしたときに支給されます。

③所定給付日数(障害者等就職困難者の場合)

算定基礎期間 離職日の年齢	1年未満	1年以上
45歳未満	150日	300日
45歳以上65歳未満		360日

注：就職困難者の説明は、Q42：164頁を参照。

④所定給付日数(特定受給資格者又は特定理由離職者の場合)

算定基礎期間 離職日の年齢	1年未満	1年以上 5年未満	5年以上 10年未満	10年以上 20年未満	20年以上
30歳未満	90日	90日	120日	180日	―
30歳以上35歳未満		90日*又 は120日	180日	210日	240日
35歳以上45歳未満		90日*又 は150日		240日	270日
45歳以上60歳未満		180日	240日	270日	330日
60歳以上65歳未満		150日	180日	210日	240日

注：特定受給資格者、特定理由離職者の説明は、Q42：164頁を参照。
＊：受給資格にかかる離職日が平成29年3月31日以前の場合の日数。

5. 支給方法・支給手続き

　住所地のハローワークに求職の申込みを行い、受給資格の認定を経て、原則4週間に1回(ハローワークから指定された失業認定日)、失業認定が行われます。失業認定された日数分の基本手当が、後日、口座振込みにより支給されます。なお、(正当な理由のない)自己都合退職の場合には、求職申込み後3か月間は基本手当の支給が制限されます。

6. 根拠

　雇用保険法(昭和49年12月28日法律第116号)

2. 実施機関（窓口）

住所地を管轄するハローワーク（公共職業安定所）

3. 対象・支給要件（一般被保険者が受給資格者となる場合）

雇用保険の被保険者（一般被保険者）が、離職して受給資格者になった場合に支給されるのが基本手当です。受給資格者となるための要件は下表のとおりです。

原　則	離職日以前2年間に12か月以上の被保険者期間があること
例　外	倒産等の場合は、離職日以前1年間に6か月以上の被保険者期間があること

4. 支給される額（基本手当日額）と支給される日数（所定給付日数）

①基本手当日額（平成29年4月1日時点）

基本手当日額は、離職直前6か月の給与（賞与除く）を180で除した額（賃金日額）に、その額に応じた給付率を乗じて算出します。

※毎年度8月1日に見直しが行われる。

	年　齢	賃　金　日　額	給　付　率
離職日時点で	60歳未満	2,290円以上4,580円未満	100分の80
		4,580円以上11,610円以下	100分の80～50
		11,610円超	100分の50
	60歳以上65歳未満	2,290円以上4,580円未満	100分の80
		4,580円以上10,460円以下	100分の80～45
		10,460円超	100分の45

②所定給付日数（一般の受給資格者の場合）

離職日の年齢　　算定基礎期間（*）	10年未満	10年以上20年未満	20年以上
全　年　齢	90日	120日	150日

＊：算定基礎期間の説明は、198頁を参照。

■治癒前の傷病に関する給付のイメージ(参考例)

①業務災害による傷病が治癒せずに、療養を継続している(＝通院している)
②給付基礎日額(Q41:163頁)が12,000円、算定基礎日額(Q41:163頁)が2,400円
③療養開始から1年6か月経過したときに傷病等級第3級相当

＜給付の考え方＞

	傷病特別支給金(一時金) 1,000,000円／回
休業特別支給金 2,400円／日(←12,000×20％)	傷病特別年金 588,000円／年(←2,400×245)
休業補償給付 7,200円／日(←12,000×60％)	傷病補償年金 2,940,000円／年(←12,000×245)
療養補償給付(治療費の全額が保険給付＝本人負担なし)	

△
療養開始から1年6か月経過

6. 根拠(条文等)

労働者災害補償保険法(昭和22年4月7日法律第50号)
労働者災害補償保険特別支給金支給規則(昭和49年12月28日労働省令第30号)

2. 雇用保険(基本手当)

1. 制度の趣旨・目的

　労働者が離職(失業)した際の生活保障と再就職の支援を行う基本手当が雇用保険の給付の中心となっています。また、求職活動中に傷病によりその活動ができない場合には、「傷病手当」(198頁参照)が支給されます(Q43：165頁)。基本手当等の支給により求職活動中の生活費等がまかなわれるため、失業中の生活困窮リスクを減らす効果があります。精神障害者保健福祉手帳の交付を受けていない場合であっても、「就職困難者」(Q42：164頁)と認定されることがありますので、ハローワークの窓口で相談してください。

障害 (一時金)	保険給付	障害補償一時金	第8級：給付基礎日額の503日分 第9級：給付基礎日額の391日分 第10級：給付基礎日額の302日分 第11級：給付基礎日額の223日分 第12級：給付基礎日額の156日分 第13級：給付基礎日額の101日分 第14級：給付基礎日額の56日分
	一般の特別支給金	障害特別支給金	第8級：65万円 第9級：50万円 第10級：39万円 第11級：29万円 第12級：20万円 第13級：14万円 第14級：8万円
	ボーナス特別支給金	障害特別一時金	第8級：算定基礎日額の503日分 第9級：算定基礎日額の391日分 第10級：算定基礎日額の302日分 第11級：算定基礎日額の223日分 第12級：算定基礎日額の156日分 第13級：算定基礎日額の101日分 第14級：算定基礎日額の56日分
傷病	保険給付	傷病補償年金	第1級：給付基礎日額の313日分 第2級：給付基礎日額の277日分 第3級：給付基礎日額の245日分
	一般の特別支給金	傷病特別支給金	第1級：114万円 第2級：107万円 第3級：100万円
	ボーナス特別支給金	傷病特別年金	第1級：算定基礎日額の313日分 第2級：算定基礎日額の277日分 第3級：算定基礎日額の245日分

5. 支給方法

保険給付の種類	支給方法など
一時金	休業補償給付は請求した単位ごとに随時支払われます。その他一時金は、請求に対して1回限り支払われます（支給のタイミングは各労働基準監督署によります）。
年金	偶数月の15日に年金額等の6分の1ずつ支払われます。 例）10月15日には8・9月分が支払われます。

	傷病補償年金	場合であって、傷病等級第1級～第3級に該当する場合には、休業補償給付から傷病補償年金に切り替えが行われます。労働基準監督署長の職権により切り替えが行われるため手続きは不要です。特別支給金制度があります。
治癒後	障害補償給付	業務災害による傷病が治癒し、一定の障害が残った場合に請求できます。障害の状態が重い第1級～第7級までが年金、第8級～第14級が一時金の支給となります。特別支給金制度があります。

4. 支給額（Q41：163頁、Q42：164頁）

区分	種類	名称	金額等
休業	保険給付	休業補償給付	休業給付基礎日額の100分の60
	一般の特別支給金	休業特別支給金	休業給付基礎日額の100分の20
	ボーナス特別支給金	―	―
障害（年金）	保険給付	障害補償年金	第1級：給付基礎日額の313日分 第2級：給付基礎日額の277日分 第3級：給付基礎日額の245日分 第4級：給付基礎日額の213日分 第5級：給付基礎日額の184日分 第6級：給付基礎日額の156日分 第7級：給付基礎日額の131日分
	一般の特別支給金	障害特別支給金	第1級：342万円 第2級：320万円 第3級：300万円 第4級：264万円 第5級：225万円 第6級：192万円 第7級：159万円
	ボーナス特別支給金	障害特別年金	第1級：算定基礎日額の313日分 第2級：算定基礎日額の277日分 第3級：算定基礎日額の245日分 第4級：算定基礎日額の213日分 第5級：算定基礎日額の184日分 第6級：算定基礎日額の156日分 第7級：算定基礎日額の131日分

7 | 労働者災害補償保険・雇用保険

1. 労働者災害補償保険

1. 制度の趣旨・目的

仕事中や通勤途上の傷病に対して、保険給付が行われる制度です。業務上の傷病に対する保険給付を労働者災害補償保険、業務外の傷病に対する保険給付は医療保険各法(健康保険法など)が担うことになります。

2. 実施機関(窓口)

事業場(会社)を管轄する労働基準監督署

3. 保険給付の種類・支給要件の概要(業務災害のみ/死亡・介護に関するもの以外を掲載)

保険給付の種類		支給要件など
治癒前 傷病が治癒していないときに支給される	療養補償給付	業務災害による傷病の療養のため支給される保険給付です(10割給付=自己負担なし)。「労災指定病院」(199頁参照)の場合は、病院窓口で手続きを行えば、窓口負担はありません。労災指定病院以外の場合には、病院窓口にていったん治療費を全額支払い、後日、労働基準監督署へ請求を行います。なお、歯科医院は労災指定病院となっていない場合が多いため受診前に確認しておきましょう。
	休業補償給付	業務災害による療養のため、4日以上休業する期間(最初の3日間は労働基準法にて補償)で、事業主から賃金を受けない場合に、給付基礎日額(Q41:163頁)の6割を請求できます。なお、特別支給金制度で2割上乗せされるため、実質的には8割給付となります。
		業務災害による傷病が1年6か月経過しても治癒しない

COLUMN

知っておきたい退職後の医療保険と年金

　退職した後に加入する医療保険や年金については、意外と知らないことが多いものです。また、知らないことで損をしていることもあります。

　本コラムでは、厚生年金保険と全国健康保険協会の健康保険に加入していた40歳の人が無職になってしまった例を考えてみます。

■退職後の医療保険

選択肢	メリット・デメリットなど
市町村 国民健康保険	前年の所得に対して保険料が計算されるため保険料が高くなる傾向がある。ただし、退職理由が倒産等の場合には、保険料減額措置等があるため住所地の市区町村担当課に退職理由を告げたうえで、保険料を確認してから加入するかどうかを決めるとよい。
任意継続の 健康保険	退職前に加入していた健康保険を継続して使う制度。ただし、保険料は在職時の2倍（上限あり）。手続きは退職後20日以内にしなければならない点は要注意。
家族の健康保険の被扶養者	収入要件等をクリアできるならば、保険料負担がないため経済的にはメリットが大きい。

■退職後の年金

選択肢	メリット・デメリットなど
国民年金第1号被保険者	失業特例免除などの制度を利用することで退職後の経済的な負担を軽減することができる。
国民年金第3号被保険者	配偶者が厚生年金加入者の場合には、保険料負担がない国民年金第3号被保険者という選択肢がある。ただし、雇用保険受給中は収入要件に引っかかることがあるので要注意。

（高橋裕典）

6. 支給方法

　限度額適用認定の手続きが間に合わずに医療機関の窓口で高額な自己負担額等を支払った場合や、限度額適用認定を受けても、なお自己負担額等が高額療養費算定基準額を超える場合に、窓口（健康保険証に記載されている機関）に請求手続きを行うことで、後日指定の口座に高額療養費が支払われます。

7. 根拠

　健康保険法（大正11年4月22日法律第70号）
　国民健康保険法（昭和33年12月27日法律第192号）　　ほか

額)
③300,000−87,430＝212,570円(高額療養費)
【平成27年5月の計算】：Bさんは医療費を44,400円負担すればよい。
①1,000,000×3割＝300,000円(Bさんが本来負担しなければならない額)
②44,400円(高額療養費算定基準額／多数回該当)
③300,000−44,400＝255,600円(高額療養費)

💡 ここがポイント

＜高額療養費実務のポイント①―70歳未満の入院―＞

　70歳未満の入院については「限度額適用認定証」を提示することで、医療機関窓口での支払いが自己負担限度額(高額療養費算定基準額)までで済む仕組みです。これを高額療養費の「現物給付化」といいます。大きな手術などで入院する場合には、健康保険の窓口で「限度額適用認定証」の交付申請を行い、医療機関に健康保険証とともに提示することを忘れないようにしましょう。

＜高額療養費実務のポイント②―世帯合算制度―＞

　Q39：160頁のように1人の医療費では高額療養費の支給基準に満たない場合でも、世帯合算することで高額療養費の支給基準に該当する場合があります。このような場合には、健康保険の窓口に高額療養費の支給申請手続きを行う必要が生じます。高額療養費の支給申請漏れに関しては、各健康保険窓口が、該当者にお知らせ等を送付していることもあります。少しでも疑問に思うことがあれば、健康保険窓口に問い合わせてみましょう。

5. 高額療養費の計算例

①全国健康保険協会の健康保険に加入する50歳男性のBさん（独身）
②Bさんの月給は40万円

平成26年							平成27年				
6月	7月	8月	9月	10月	11月	12月	1月	2月	3月	4月	5月
		高額療養費該当			高額療養費該当				高額療養費該当		高額療養費該当
		総療養費100万円			総療養費100万円				総療養費100万円		総療養費100万円
									自己負担限度額 87,430円		自己負担限度額 44,400円

③高額療養費に該当した4回のそれぞれの月の総医療費は100万円。
④Bさんは限度額適用認定の手続きを行っている。

<解説>

平成27年5月の医療費が高額となり、高額療養費に該当しました。平成27年5月以前12か月（平成26年6月～平成27年5月）に高額療養費の支給対象となった月が4回（平成26年8月、平成26年11月、平成27年3月及び平成27年5月）あります。

また、平成27年3月以前12か月間（平成26年4月～平成27年3月）に高額療養費の支給対象となった月は、3回（平成26年8月、平成26年11月、平成27年3月）です。よって、平成27年3月（12か月のうち3回目）は「80,100円×（医療費－267,000円）×1％」、平成27年5月（12か月のうち4回目／多数回該当）は「44,400円」が高額療養費算定基準額とされます。

<平成27年3月と平成27年5月の自己負担額>

【平成27年3月の計算】：Bさんは医療費を87,430円負担すればよい。
①1,000,000×3割＝300,000円（Bさんが本来負担しなければならない額）
②80,100＋(1,000,000－267,000)×1％＝87,430円（高額療養費算定基準

4. 高額療養費算定基準額（全国健康保険協会）

<table>
<tr><th rowspan="6">70歳未満</th><th>標準報酬月額等</th><th>算定基準額（月の上限）</th></tr>
<tr><td>83万円以上</td><td>252,600円＋（医療費－842,000円）×1％</td></tr>
<tr><td>53万円～79万円</td><td>167,400円＋（医療費－558,000円）×1％</td></tr>
<tr><td>28万円～50万円</td><td>80,100円＋（医療費－267,000円）×1％</td></tr>
<tr><td>26万円以下</td><td>57,600円</td></tr>
<tr><td>低所得者（住民税非課税）</td><td>35,400円</td></tr>
</table>

<table>
<tr><th rowspan="2">70歳以上</th><th colspan="2" rowspan="2">70歳～74歳</th><th colspan="2">算定基準額（月の上限）</th></tr>
<tr><th>外来（個人単位）</th><th></th></tr>
<tr><td>現役並み</td><td>標準報酬月額
28万円以上</td><td>44,400円
＜57,600円＞</td><td>80,100円＋（医療費－267,000円）×1％</td></tr>
<tr><td>一般</td><td>標準報酬月額
26万円以下</td><td>12,000円
＜14,000円＞</td><td>44,400円
＜57,600円＞</td></tr>
<tr><td rowspan="2">低所得者</td><td>住民税非課税、年金収入80～160万円</td><td rowspan="2">8,000円</td><td>24,600円</td></tr>
<tr><td>住民税非課税、年金収入80万円以下</td><td>15,000円</td></tr>
</table>

<table>
<tr><th rowspan="5">多数回該当</th><th>標準報酬月額等</th><th>算定基準額（月の上限）</th></tr>
<tr><td>83万円以上</td><td>140,100円</td></tr>
<tr><td>53万円～79万円</td><td>93,000円</td></tr>
<tr><td>50万円以下</td><td>44,400円</td></tr>
<tr><td>低所得者（住民税非課税）</td><td>24,600円</td></tr>
</table>

注1：12か月のうちに4回以上同一の医療保険で高額療養費の支給対象となる場合には、4回目以降の月は「多数回該当」の高額療養費算定基準額が適用される。
注2：＜　　＞内は平成29年8月から平成30年7月までの金額。

2. 高額療養費

1. 制度の趣旨・目的

　医療機関等を受診した際の1か月の自己負担額等の額が著しく高額となった場合に、その負担額の一部が給付される制度です。70歳未満の人は、入院の際に、「限度額適用認定証」を利用することで、窓口負担が高額療養費算定基準額（自己負担限度額）までの支払いで済みます。また、現在を起点として、12か月中に3回以上高額療養費の支給があった場合、4回目から高額療養費算定基準額が引き下げられる「多数回該当」制度の適用があり、より一層の医療費負担軽減措置が行われます。

2. 実施機関（窓口）

　健康保険証に記載されている機関が窓口（保険者）です。当該窓口で、「限度額適用認定証」の交付申請や高額療養費の支給申請・相談ができます。

3. 支給要件区分等

　次の3区分で支給要件を判別し、各基準額を超えた場合、その超えた額が高額療養費として支給されます（図2-2）。

① 70歳以上の外来は個人単位で高額療養費算定基準額を適用する。
② 前記①で残った自己負担額等を世帯合算（70歳以上の者に限る）して高額療養費算定基準額を適用する。
③ 前記①・②適用後に残った自己負担額等と70歳未満の自己負担額等（21,000円以上のものに限る）を世帯合算して高額療養費算定基準額を適用する。

（図2-2）高額療養費制度のイメージ

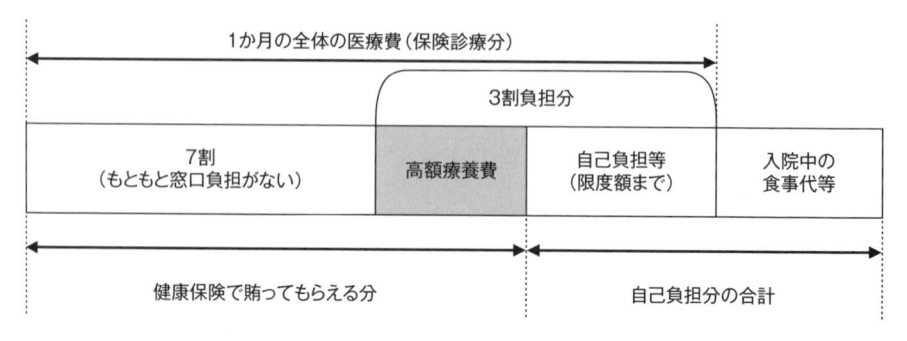

1か月の全体の医療費（保険診療分）				
7割 （もともと窓口負担がない）	3割負担分			入院中の 食事代等
^	高額療養費	自己負担等 （限度額まで）	^
健康保険で賄ってもらえる分		自己負担分の合計		

4. 支給額（傷病手当金の日額）

　標準報酬日額（標準報酬月額（199頁）を30で除したもの。5円未満の端数は切捨て、5円以上10円未満の端数は10円に切上げ）の3分の2（50銭未満の端数は切捨て、50銭以上1円未満は1円に切上げ）が支給されます。なお、健康保険組合が支給する傷病手当金は、当該3分の2の額に上乗せ制度が設けられている場合があります。

> たとえば、標準報酬月額が20万円の場合、傷病手当金の日額は4,447円です。
> （計算式）200,000円÷30＝6,666→6,670円
> 　　　　　6,670円×2/3＝4,446.6→4,447円

5. 支給方法・支給期間

　支給を開始した日から起算して1年6か月（健康保険組合の場合はこれよりも長い場合があります）が限度となります。傷病手当金は対象となる日ごとに請求が可能ですが、1か月や2か月ごとにまとめて請求するのが一般的な請求方法です。

6. 併給調整

併給調整の場面	併給調整の内容
会社から給与を受けられる場合	給与の1日分相当額と傷病手当金日額を比較し、傷病手当金の額のほうが高ければ差額支給となる。
同一支給事由の障害年金を受けられる場合	障害年金の額（年額）を360で割った額（1円未満の端数切捨て）と傷病手当金日額を比較し、傷病手当金の額のほうが高ければ差額支給となる（Q10：108頁）。

★知っておきたい＋αの知識：「傷病手当金」・「傷病手当」

　健康保険法の「傷病手当金」と雇用保険法の「傷病手当」は別の用語ですので、混同しないように注意しましょう。雇用保険法では「金」は付きません。

7. 根拠

　健康保険法（大正11年4月22日法律第70号）

6 医療保険

1. 傷病手当金(健康保険法)

1. 制度の趣旨・概要

　私傷病(労災の対象とならないもの)による療養が必要な場合であって、かつ労務不能で給与が受けられない場合に請求できるものです。傷病手当金の額は、おおよそ月給の3分の2とされています。中長期の病気療養の期間中に給与が受けられない場合の生活費・治療費としての役割が大きく、療養中の雇用の維持や治癒後の職場復帰を促進する重要な制度です。さらに、1年6か月を経過しても一定の障害が残った場合は、障害年金がその保障を引き継ぐことになります。なお、健康保険組合が行う傷病手当金は、全国健康保険協会が行うものよりも有利な場合があります。

2. 実施機関(窓口)

　在職中は事業主が手続きをします。退職後は、本人が、在職中に加入していた健康保険(全国健康保険協会であれば各都道府県支部、健康保険組合であれば当該組合)の窓口に手続きをします。

3. 対象・支給要件等(Q36：156頁)

　支給対象者及び支給要件等は下表のとおりです。

対象・要件	内　容
対象者	健康保険の被保険者(「任意継続被保険者」(198頁参照)及び「特例退職被保険者」(198頁参照)は除く)
支給要件	次の3つの要件をすべて満たすことが必要。 ①療養のためであること ②労務に従事することができないこと(労務不能) ③継続した3日間の「待期」を満たしていること
併給調整等	傷病手当金の支給要件を満たす人が、会社から給与を受けられる場合や同一支給事由の障害年金を受けられる場合には、それらが優先され、傷病手当金は一部又は全部の支給が制限される。

4. 支給方法

　加入者の死亡・重度障害により、障害者に対して毎月2万円(2口加入の場合4万円)が支給されます。

　障害者が年金の受け取りや管理が困難な場合には、障害者に代わって年金を受け取り管理する年金管理者を指定することができます。

　加入者の生存中(ただし、加入から1年以上経過)に障害者が死亡した場合は弔慰金、加入から5年以上経過した後に脱退する場合には脱退一時金の支給が行われます。

5. 根拠

　独立行政法人福祉医療機構法(平成14年12月13日法律第166号)

　各都道府県・指定都市の条例

のは1人だけです(例えば、1人の障害者に対して父母2人が加入者となることはできません)。

① その都道府県・指定都市内に住所があること
② 加入年度の4月1日に年齢が65歳未満であること
③ 特別の疾病又は障害がなく生命保険契約の対象となる健康状態であること

(3) 掛金

1口あたりの掛金は、加入者の加入時年度の4月1日の年齢に応じて定められています(表2-7)。1人の障害者について加入できるのは2口までです。他都道府県・指定都市に転居しても、転居先で手続きをすれば継続して加入できます。

(表2-7)掛金月額

(平成29年4月1日現在)

加入時の年度の4月1日時点の年齢	掛金月額(1口あたり)平成20年度以降加入
35歳未満	9,300円
35歳以上40歳未満	11,400円
40歳以上45歳未満	14,300円
45歳以上50歳未満	17,300円
50歳以上55歳未満	18,800円
55歳以上60歳未満	20,700円
60歳以上65歳未満	23,300円

注1:平成19年度までの加入の場合は、上記と金額が異なります。
注2:加入日から20年以上、かつ、加入者が満65歳になった年度以降に最初に到来した加入月まで継続して加入していた場合は、その後の掛金は免除されます。

5 心身障害者扶養共済制度

1. 制度の目的

　心身障害者扶養共済制度とは、障害者を扶養している親などの生存中に毎月一定の掛金を納付することで、親などが死亡したり重度障害となったりした後に、障害者本人に対して終身一定額(1口加入で月額2万円、2口加入で月額4万円)の年金を支給する制度です。都道府県・指定都市が実施していますが、加入は強制ではありません。

　加入すれば、毎月の掛金の支払い(**表2-7**)が必要になります(掛金の納付が困難な人に掛金の減免を行っている自治体もあります)。しかし、障害者本人が生活保護を受給することになった場合、年金は収入として認定されず、保護費にそのまま上乗せされるというメリットもあります(Q35：155頁)。

2. 実施機関(窓口)

　都道府県・指定都市が実施し、窓口は加入者(親など)の居住地を管轄する福祉事務所、市区町村担当課となります。申込みの際には、申込書のほか、申込者の健康状態を告知する書類、障害者本人の精神障害者保健福祉手帳や年金証書などの提出が求められます(詳細は都道府県・指定都市の条例によります)。

3. 対象・支給要件

(1) 支給対象となる障害者

　　対象となるのは、年齢を問わず、次のいずれかに該当する障害者です。

　① 知的障害
　② 身体障害者手帳1級～3級に該当する障害
　③ 統合失調症、脳性麻痺、進行性筋萎縮症、自閉症、血友病等の精神又は身体に永続的な障害があり、その程度が①又は②と同程度

(2) 加入者

　　保険に加入できるのは、(1)に示す障害者を現に扶養している父母、配偶者(内縁を含む)、兄弟姉妹、祖父母、その他の親族等であって、以下の要件をすべて満たす人となります。1人の障害者に対する保険加入者となることができる

COLUMN

福祉アクセシビリティ（相談しやすさ、利用しやすさ）を確保するために、支援者が大切にしたいこと

　様々な困難に直面していても、対処方法がわからなかったり、自ら支援を求めて行動することに難しさのある人々がいます。私は、このような人々の生活ニーズを発見し、ニーズに応じた社会資源に結びつける支援のあり方について、「福祉アクセシビリティ（相談のしやすさ、利用のしやすさ）」という観点から研究に取り組んできました。

　これまでの研究から、支援が必要な状況でも相談に出向かない理由には、自らが直面している状況への戸惑いや葛藤、対処方法に関する情報不足、他者に話すことへの抵抗感などがあることがわかってきています。支援制度には対象者の範囲が細かく設定されており、対人関係の形成・維持や就労継続の困難などがあっても、障害の程度が軽度と判定されて十分な制度的支援が受けられない場合や、法制度上の障害者として認定されない場合も少なくありません。困っている状況がみえにくい場合には、本人も周囲の人々も支援の必要性を認識できず、必要なサービスに結びつかないこともあります。一方、支援の必要性は明らかなのに活用可能な社会資源が少なく、実際の支援が実施できない場合もあります。

　支援をする際に自分がどう動いたらいいのかを知る手段をもっておくこと。制度についてわかりやすく情報提供できること。そして、様々な困難に直面していても実際に制度を利用する際には大きな葛藤を抱え、申請をためらう気持ちを理解し、寄り添いながら支援に取り組むこと。これらは立場や職種の違いを超えて、一人ひとりの生活を支援していくうえで何より重要なことではないかと考えています。本書は、こうした観点を大切にしています。本書が精神障害者を支える人々に役立ててもらえるなら、福祉アクセシビリティという観点からも非常に意義深いことです。

（越智あゆみ）

4 | 精神障害者保健福祉手帳

1. 制度の目的
　精神障害者保健福祉手帳は、一定程度の精神障害の状態にあることを認定するものです。精神障害者の自立と社会参加の促進を図るため、手帳の交付を受けた人には様々な支援策が講じられています。

2. 実施機関(窓口)
　市区町村の担当課に、申請書を提出します。

3. 対象・支給要件
　精神疾患により、長期にわたり日常生活又は社会生活に制限がある人が対象です。手帳を申請するには、精神疾患の初診から6か月以上経過している必要があります。発達障害や高次脳機能障害のある人も申請できます(Q34：153頁)。知的障害があり精神疾患のない人は対象外です(知的障害と精神疾患の両方ある人は、療育手帳と精神障害者保健福祉手帳の両方を受け取ることができます)。
　手帳の等級は1級から3級で、申請書類をもとに判定されます。

4. 利用できるサービス
　手帳の交付を受けると、様々なサービスが利用できます(Q33：151頁)。なお、自立支援医療(精神通院医療)による医療費助成(71頁)や、障害者総合支援法に基づく障害福祉サービスは、精神障害者であれば手帳の有無にかかわらず利用できます。

5. 申請手続き
　❶申請書、❷診断書(212頁参照。精神障害による障害年金受給者は年金証書等の写しで可。その場合、同一等級で手帳交付)、❸写真を提出します。都道府県・政令指定都市の精神保健福祉センターで行われる審査で認められると手帳が交付されます。有効期間は2年間で、更新もできます。

6. 根拠
　精神保健及び精神障害者福祉に関する法律(昭和25年5月1日法律第123号)

3. 障害児福祉手当

1. 制度の目的
　重度の障害がある障害児の在宅生活を支援することを目的とした手当です。

2. 実施機関（窓口）
　申請、届出等の窓口は、住所地の市区町村となります。申請窓口に備付けの❶認定請求書、❷障害の程度についての医師の診断書、❸障害児本人の戸籍謄本か抄本、❹世帯全員の住民票の写し、❺所得証明書などの書類を添付して申請します。

3. 対象・支給要件
　20歳未満であって重度の障害状態にあるため、日常生活において常時の介護を必要とする児童が対象となります。ただし、障害児が障害児入所施設等に入所している等の理由で、手当の支給対象とならないことがあります。

■所得制限

　障害児本人、その配偶者（内縁を含む）又は障害児本人の生計を維持している扶養義務者の前年の所得が所得制限限度額表（**表2-4：45頁**）の額以上であるときは、その年の8月から翌年7月まで手当は支給されません。

　なお、震災、風水害、火災等の災害で住宅等に損害を受けた場合は、特例として支給を受けられる場合があります。

4. 支給額
　月額14,580円（平成29年度）です。
　特別児童扶養手当、児童扶養手当、児童手当との併給も可能です。

5. 支給方法
　原則として毎年2、5、8、11月に、それぞれの前月分までが支給されます。

6. 根拠
　特別児童扶養手当等の支給に関する法律（昭和39年7月2日法律第134号）

(表2-5)特別児童扶養手当所得制限限度額表

(単位:円、平成14年8月以降適用)

扶養親族等の数	本人 収入額	本人 所得額	配偶者及び扶養義務者 収入額	配偶者及び扶養義務者 所得額
0	6,420,000	4,596,000	8,319,000	6,287,000
1	6,862,000	4,976,000	8,596,000	6,536,000
2	7,284,000	5,356,000	8,832,000	6,749,000
3	7,707,000	5,736,000	9,069,000	6,962,000
4	8,129,000	6,116,000	9,306,000	7,175,000
5	8,551,000	6,496,000	9,542,000	7,388,000

■所得制限

❶支給を受ける父、母、養育者本人、❷支給を受ける父・母・養育者の配偶者(内縁を含む)、❸支給を受ける父・母と生計を同じくする扶養義務者、養育者本人の生計を維持している扶養義務者の前年の所得が所得制限限度額表(表2-5)の額以上であるときは、その年の8月から翌年7月まで手当は支給されません。

なお、震災、風水害、火災等の災害で住宅等に損害を受けた場合は、特例として支給を受けられる場合があります。

4. 支給額

支給額は、児童の障害程度によって異なります。

1級:51,450円(平成29年度)

2級:34,270円(平成29年度)

児童扶養手当、障害児福祉手当、児童手当との併給も可能です。

5. 支給方法

原則として毎年4月、8月、12月(又は11月)に、それぞれの前月分までが支給されます。

6. 根拠

特別児童扶養手当等の支給に関する法律(昭和39年7月2日法律第134号)

(表2-4)特別障害者手当所得制限限度額表

(単位:円、平成14年8月以降適用)

扶養親族等の数	本人 収入額	本人 所得額	配偶者及び扶養義務者 収入額	配偶者及び扶養義務者 所得額
0	5,180,000	3,604,000	8,319,000	6,287,000
1	5,656,000	3,984,000	8,596,000	6,536,000
2	6,132,000	4,364,000	8,832,000	6,749,000
3	6,604,000	4,744,000	9,069,000	6,962,000
4	7,027,000	5,124,000	9,306,000	7,175,000
5	7,449,000	5,504,000	9,542,000	7,388,000

6. 根拠

特別児童扶養手当等の支給に関する法律(昭和39年7月2日法律第134号)

2. 特別児童扶養手当

1. 制度の目的

在宅で障害児を養育している父母などに対して手当を支給し、子育てを支援する制度です。

2. 実施機関(窓口)

申請、届出等の窓口は、住所地の市区町村となります。申請窓口に備付けの❶認定請求書、❷障害の程度についての医師の診断書、❸障害児本人の戸籍謄本か抄本、❹世帯全員の住民票の写し、❺所得証明書などの書類を添付して申請します。

3. 対象・支給要件

20歳未満で精神又は身体に障害基礎年金1級、2級相当の障害を有する児童を養育する父か母(それ以外の人が障害児と同居して養育し生計を維持している場合はその養育者)に対して支給されます。ただし、障害児が児童福祉施設等に入所している等の理由で、手当の支給対象とならないことがあります。

3 | 手当

1. 特別障害者手当

1. 制度の目的
　特別障害者手当は、常に介護が必要な著しく重度の障害がある人の地域生活を支えることを目的とした所得保障制度です。

2. 実施機関(窓口)
　申請、届出等の窓口は、住所地の市区町村となります。申請窓口に備付けの❶認定請求書、❷障害の程度についての医師の診断書、❸障害者本人の戸籍謄本か抄本、❹世帯全員の住民票の写し、❺所得証明書などの書類を添付して申請します。

3. 対象・支給要件
　20歳以上で、日常生活で常に介護を必要とする精神又は身体に著しく重度の障害(Q31：148頁・Q32：150頁)を有し、在宅生活をしている人(3か月以内の入院も含む)が対象となります。施設等に入所している場合や、3か月以上入院している場合は、支給の対象となりません。

■所得制限
　障害者本人、その配偶者(内縁を含む)又は障害者本人の生計を維持している扶養義務者の前年の所得が所得制限限度額表(表2-4)に示す額以上であるときは、その年の8月から翌年7月まで手当は支給されません。
　なお、震災、風水害、火災等の災害で住宅等に損害を受けた場合は、特例として支給を受けられる場合があります。

4. 支給額
　月額26,810円(平成29年度)です。
　障害基礎年金、障害厚生年金との併給も可能です。

5. 支給方法
　原則として毎年2月、5月、8月、11月に、それぞれの前月分までが支給されます。

COLUMN

入院治療と生活保護

　被保護者調査をもとに、精神障害者の入院治療と生活保護の関係についてみていきましょう。実は、平成24年度に医療扶助を利用して入院した人の43.0％（1か月平均）が精神病の患者なのです（通院患者では3.5％（1か月平均））。生活保護は、精神障害者が入院治療を行ううえで重要な社会資源となっています。

　次に、医療扶助を利用して入院している人について、「平成26年医療扶助実態調査」をもとに、さらに詳しくみていきましょう。医療扶助による入院患者を年齢階級でみると、15歳以上で「精神・行動の障害」（※1）が目立って多く、15歳から54歳では6割近くを占めています。

　次に、医療扶助による入院期間についてみてみましょう。精神・行動の障害で最も多い入院期間は5年以上（44.4％）となっています。しかし、精神・行動の障害と神経系の疾患（※2）以外の傷病における入院期間は、3か月未満が過半数となっているのです。さらに、医療扶助による入院期間が長期になるほど、精神・行動の障害の割合が高くなり、6か月以上1年未満では49.8％、5年以上になるとその割合が85.6％にもなっています。

　このように、精神・行動の障害による医療扶助での入院は、他の傷病に比較して多く、さらに、その入院期間も長期に及ぶという特徴があります。

※1　精神・行動の障害：血管性・詳細不明の認知症、精神作用物質使用による障害（アルコール精神病、アルコール依存症）、統合失調症、気分障害（躁うつ病含む）、神経症性障害・ストレス関連、知的障害、他の精神・行動の障害
※2　神経系の疾患：パーキンソン病、アルツハイマー病、てんかん、脳性麻痺・麻痺性症候群、自律神経系障害、他の神経系の疾患

（風間朋子）

COLUMN

生活保護受給者が12年前の2倍!?

　被保護者調査(平成23年度までは「福祉行政報告例」)によると、平成24年度の被保護実人員の1か月平均は、約214万人でした。生活保護の受給者は、景気の動向に左右されるため、アップダウンを繰り返しつつも長期的には減少の傾向にありましたが、平成7年以降は、これまでにないほどの急激な増加傾向を示しています。平成12年度に比べると平成24年度の被保護実人員は、わずか12年で、なんと2倍になっているのです。被保護実人員が最も少なかった平成7年度と比べると17年間で2.42倍にもなっています。

　さらに詳しくみると、生活保護の受給者のうち、過半数を占めているのは60歳以上の人であり、70歳以上に関しては3割程度にも及んでいます。また、生活保護を受給している世帯の人数で最も高い割合を示しているのは、世帯人員数が1人の世帯(55.5%)、次いで2人の世帯(23.2%)で、これらが8割近くを占めています(「平成24年度被保護者調査年次調査(個別調査)」:2012(平成24)年7月末日現在)。

被保護実人員の推移(1か月平均)

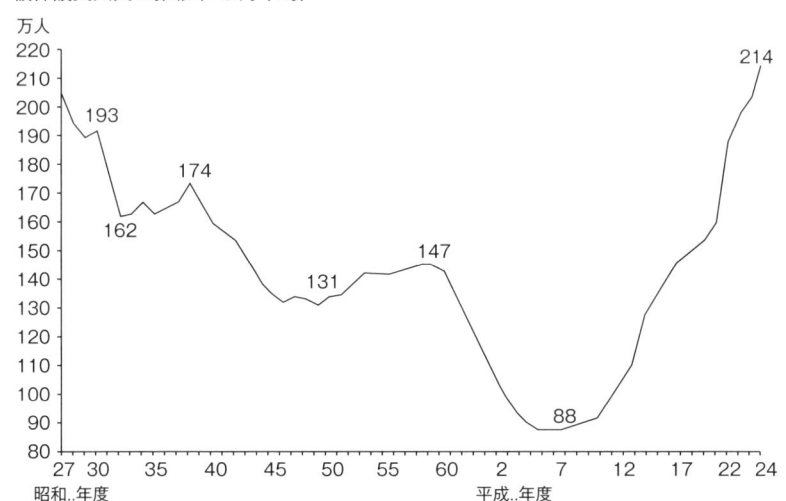

出典：昭和29年度以前は、生活保護の動向編集委員会編集「生活保護の動向」平成20年版
資料：厚生労働省「福祉行政報告例」「被保護者調査」

(風間朋子)

(表2-3)35歳男性の一人暮らし(単身世帯)に支給される飲食物、被服費、光熱費などの日常生活に要する費用(基準生活費)

(平成29年4月1日)

級地	市町村	基準生活費
1級地-1	埼玉県川口市・さいたま市／東京都23区・八王子市・立川市・武蔵野市・三鷹市・府中市・昭島市・調布市・町田市・小金井市・小平市・日野市・東村山市・国分寺市・国立市・福生市・狛江市・東大和市・清瀬市・東久留米市・多摩市・稲城市・西東京市／神奈川県横浜市・川崎市・鎌倉市・藤沢市・逗子市・大和市・三浦郡葉山町／愛知県名古屋市／京都府京都市／大阪府大阪市・堺市・豊中市・池田市・吹田市・高槻市・守口市・枚方市・茨木市・八尾市・寝屋川市・松原市・大東市・箕面市・門真市・摂津市・東大阪市／兵庫県神戸市・尼崎市・西宮市・芦屋市・伊丹市・宝塚市・川西市	79,230円
1級地-2	北海道札幌市／宮城県仙台市／埼玉県所沢市／千葉県千葉市・浦安市／滋賀県大津市／岡山県岡山市・倉敷市／広島県広島市／福岡県北九州市・福岡市　など	75,840円
2級地-1	北海道函館市／青森県青森市／岩手県盛岡市／秋田県秋田市／山形県山形市／福島県福島市／茨城県水戸市／栃木県宇都宮市／群馬県前橋市／富山県富山市／石川県金沢市／福井県福井市／山梨県甲府市／長野県長野市・松本市／岐阜県岐阜市／静岡県静岡市／三重県津市・四日市市／滋賀県草津市／奈良県奈良市／和歌山県和歌山市／鳥取県鳥取市／島根県松江市／山口県下関市・山口市／徳島県徳島市／香川県高松市／愛媛県松山市／高知県高知市／佐賀県佐賀市／長崎県長崎市／熊本県熊本市／大分県大分市／宮崎県宮崎市／鹿児島県鹿児島市／沖縄県那覇市　など	71,620円
2級地-2	北海道夕張市／茨城県日立市／栃木県足利市／新潟県長岡市／岐阜県大垣市／三重県松阪市／奈良県橿原市／広島県三原市／山口県宇部市／長崎県佐世保市　など	69,960円
3級地-1	北海道北見市／岩手県花巻市／宮城県石巻市／山形県米沢市／福島県郡山市／東京都日の出町／富山県魚津市／長野県安曇野市／静岡県富士宮市／愛知県半田市／三重県伊勢市／鳥取県米子市／岡山県津山市／山口県萩市／香川県丸亀市／愛媛県今治市／福岡県柳川市／宮崎県延岡市／沖縄県宜野湾市　など	66,840円
3級地-2	1級地-1～3級地-1以外の市町村	64,030円

注：地域ごとに11月～3月または11月～4月に冬季加算があります。

■級地制度

　生活保護では、生活様式や物価などによる生活水準の差に配慮して、生活保護の基準に地域差が設けられています。地域は6区分（1級地-1、1級地-2、2級地-1、2級地-2、3級地-1、3級地-2）されています（**表2-3**）。そのため、世帯員の数、年齢、収入等がまったく同じであっても居住地の級地が異なれば支給される保護費が異なることがあります。

　実際には**表2-3**の金額に加えて、家賃や障害者加算などが必要に応じて支給されます（Q22：132頁・Q29：144頁）。

5. 支給方法

　保護費は毎月、支給されます。窓口で手渡しの場合と口座振込みの場合とがあります。医療扶助、介護扶助は、必要なときに医療機関や介護機関から原則現物給付（実際のサービス）として提供されます。

6. 根拠

　生活保護法（昭和25年5月4日法律第144号）

力(労働ができるならば労働能力)、その他あらゆるものを活用することが支給の要件となっています。また、扶養義務者から扶養(金銭的な支援)を受けることができる場合はこれを利用し、年金や手当の利用が可能ならばこれらも活用することになります。これらを活用してもなお、労働、年金、手当、扶養義務者からの援助などによる収入が最低生活費(国が定めた最低限度の生活を維持するために必要な費用)を下回っている場合、これに達するまでの部分が生活保護から扶助されます。

　注意してほしいのは、生活保護が世帯単位で行われることです。世帯とは、親族関係にあるかを問わず、同じ住居に住み、生計を一にしている人たちのことです。その世帯に属する人全員の資産、所得等を合算した収入が、その世帯の最低生活費を下回った場合、その世帯全員が生活保護の対象となります(**Q17：120頁**)。

　生活保護の扶助は、以下の8種類で構成され、世帯の状況に応じて必要な扶助がなされます。

生活扶助	飲食物、被服費、光熱費、家具什器などの日常生活費 特別な需要に対応する加算(障害者加算など)
住宅扶助	賃貸住宅の家賃や借地の地代など
医療扶助	入院、診察、投薬、注射、手術などの医療サービス
教育扶助	学用品、給食費など義務教育の就学に必要な費用
介護扶助	介護保険サービスの自己負担部分又は介護サービス
出産扶助	出産に要する費用
生業扶助	生業費(小規模事業の運営資金など)、技能習得費(高等学校等就学費など)、就職支援費(就職に必要な衣服等の購入費)
葬祭扶助	遺体の検案、運搬、火葬等に要する費用

4. 支給額

　生活扶助、住宅扶助、教育扶助、出産扶助、生業扶助、葬祭扶助は、原則、保護費として金銭で給付されますが、医療扶助、介護扶助は原則、現物給付(実際のサービス)として提供されます。

2 生活保護制度の理解

1.制度の目的

　生活保護は、経済的な理由で困っている人に対して、衣食住などの基本的な生活を保障する制度です。

　生活保護には、他の経済的支援とは大きく異なる特徴があります。それは、対象となるのが、本人の預貯金や労働能力、年金や手当等の社会保障制度などのあらゆる手段を講じてもなお、経済的な困難から抜け出すことのできなかった人であるということです。それはつまり、本人にもっと預貯金があったり、現在の労働市場に応えるスキルを身につけていたり、社会保障制度がさらに整備されていれば、生活保護の利用には至らなかったということでもあります。しかし、そこには、景気や労働市場の問題、社会保障制度の不備など、本人にはどうすることもできない要因も大きくかかわっているのです。

　生活保護で保障されるのは、「死なない程度」の生活ではなく、日本国憲法第25条によって保障されている「健康で文化的な最低限度の生活を営む」ことのできる水準の生活です。この水準を上記のような手段を講じても下回った場合に、生活保護の支給が決定されることになります。

2.実施機関（窓口）

　生活保護の相談や申請の窓口は、生活保護を利用したい人の居住地（居住地がないか明らかでない場合は現在地）を所管する福祉事務所になります。都道府県や市（特別区）には福祉事務所が必ずありますが、町村では設置されていないことがあります。その場合は、都道府県の福祉事務所の担当となりますが、保護の申請や、保護費の受取り（福祉事務所から依頼があった場合）なども町村の担当課で行うことができます。

3.対象・支給要件

　経済的に困った状態になった理由ではなく、実際にどの程度困っているかによって、対象となるかどうか、どの程度の支給を行うかを判断します。

　生活保護では、利用できる資産（預貯金や生活に利用されていない不動産等）、能

COLUMN

障害年金制度における
精神障害認定基準の位置づけ

　障害年金の等級認定は、国民年金・厚生年金保険障害認定基準（以下、「認定基準」という）に基づいて行われています。

　認定基準では、外部障害（第1節：眼の障害～第7節：肢体の障害）、内部障害（第10節：呼吸器疾患による障害～第18節：その他の疾患による障害）、そして、これらの中間に第8節：精神の障害・第9節：神経系統の障害が示されています。

　第7節までの外部障害は、数値により認定される、等級が明確なものが多いため等級認定にばらつきが出にくい一方で、第8節以降は「総合認定」とされているため等級認定にばらつきがみられることがあります。

　2014（平成26）年8月に、障害基礎年金の不支給率の都道府県差が報道されました。不支給率が最も低い栃木県（4.0％）と最も高い大分県（24.4％）で、約6倍もの開きがあることがわかりました。

　この事象に対して、厚生労働省と日本年金機構が調査を行い、2015（平成27）年1月に調査結果が公表されました。

　調査結果によれば、障害基礎年金の不支給率は、精神障害の認定率に起因するところが大きく、精神障害の認定率が高い（＝不支給率が低い）地域では全体の不支給率が低くなり、その逆の地域では不支給率が高くなっているということです。

　同じ認定基準を使いながら、等級認定に大きな差が出ているため、厚生労働省は精神障害の認定にかかるガイドラインを作成するとともに、平成29年度より等級認定を日本年金機構本部での一括審査にしました。これにより、全国均一な障害認定が行われることになりますが、精神障害の認定率が高かった地域では、今後、不支給や支給停止とされる事案が増えることが懸念されます。

　これまで以上に、今後の動向を注視していかなければなりません。

（高橋裕典）

■300月みなしの計算例

<設定>

平成15年3月以前　平均標準報酬月額24万円、被保険者期間の月数120月

平成15年4月以後　平均標準報酬額36万円、被保険者期間の月数80月

⇒　被保険者期間の月数は、「障害認定日の属する月まで」を算入します。

<2級の場合の年金額計算>　　支給額：1,323,880円

障害基礎年金：779,300円

障害厚生年金：

{(240,000×7.125／1000×120)＋(360,000×5.481／1000×80)}×300／(120＋80)＝544,580円※

※障害基礎年金が併給されるので最低保障なし。

よって、支給決定額は、779,300円＋544,580円＝1,323,880円

<3級の場合の年金額計算>　　支給額：584,500円

障害基礎年金：3級相当のため支給されない。

障害厚生年金：

{(240,000×7.125／1000×120)＋(360,000×5.481／1000×80)}×300／(120＋80)＝544,580円　＜　最低保障額(584,500円)

よって、支給決定額は、584,500円

注1：平成15年3月以前と平成15年4月以後の厚生年金期間を有する場合、給付乗率が異なるため、「全体での給付単価」を出してから、その単価に300月を掛けることで300月みなしとします。上記計算例では平成15年3月以前120月と平成15年4月以後80月の合計を200月(120＋80)で割ることで、給付単価を出しています。

注2：平成27年10月1日より年金額は100円単位から1円単位での支給に変更されました。

(表2-2) 平成29年度支給額・計算式(法定水準)

給付の種類	等級	支給額又は計算式	備考
障害基礎年金	1級	基 本 額：974,125円 子の加算：224,300円(1・2人目) 　　　　　 74,800円(3人目以降)	18歳年度末までの間にある子又は障害状態にある20歳未満の子がいる場合に加算対象となります。
	2級	基 本 額：779,300円 子の加算：224,300円(1・2人目) 　　　　　 74,800円(3人目以降)	
障害厚生年金	1級	基本額算式：(①+②)×1.25 配偶者加給：224,300円 ①：平成15年3月以前の平均標準報酬月額(＊)×7.125／1000×被保険者期間の月数 ②：平成15年4月以後の平均標準報酬額(＊)×5.481／1000×被保険者期間の月数	被保険者期間の月数が300月未満の場合は300月として計算します(計算例については**36頁**)。65歳未満の配偶者がいる場合に配偶者加給の対象となります。
	2級	基本額算式：(①+②) 配偶者加給：224,300円	
	3級	基本額算式：(①+②) ※3級は、584,500円が最低保障額とされています。 ※3級は、配偶者加給が加算されません。	
特別障害給付金	1級	51,400円／月	所得制限や国内居住要件があります。
	2級	41,120円／月	

＊：平均標準報酬月額と平均標準報酬額の説明は、**198頁**を参照。

(表2-1) 障害年金受給3要件の概要

❶初診日要件	国民年金	初診日において次の①又は②に該当していること。 ①国民年金の被保険者であること ②国民年金の被保険者であった者であって、日本国内に住所を有し、60歳以上65歳未満であること
	厚生年金	初診日において、厚生年金保険の被保険者であったこと。
❷障害等級要件		障害認定日に障害等級(国民年金(基礎年金)は1級〜2級、厚生年金は1級〜3級)に該当する程度の障害状態であること。なお、障害認定日において障害等級に該当しない場合でも、その後、障害等級に該当すれば、65歳到達日の前日までであれば障害年金を請求することができる。
❸保険料納付要件	原則	初診日の前日において、初診日の属する月の前々月までの被保険者期間のうち、保険料納付済期間と保険料免除期間の合計が3分の2以上あること。なお、20歳前障害の場合には、そもそも公的年金加入前であるため、保険料納付要件は問われない。
	特例	初診日が平成38年4月1日前にある場合は、初診日の属する月の前々月までの1年間に保険料の滞納期間がなければよい。ただし、初診日において65歳以上の場合は、この特例は適用されない。

🔖 知っておきたい＋αの知識：「障害認定日」

「障害認定日」とは、「国民年金・厚生年金保険障害認定基準」（105頁参照）において、「障害の程度の認定を行うべき日をいい、請求する傷病の初診日から起算して1年6か月を経過した日又は1年6か月以内にその傷病が治った場合においては、その治った日（その症状が固定し、治療の効果が期待できない状態に至った日を含む）」とされています。なお、「傷病が治った場合」とは、「器質的欠損若しくは変形又は機能障害を残している場合は、医学的に傷病が治ったとき、又は、その症状が安定し、長期にわたってその疾病の固定性が認められ、医療効果が期待し得ない状態に至った場合」をいいます。

(図2-1)支給パターンのイメージ

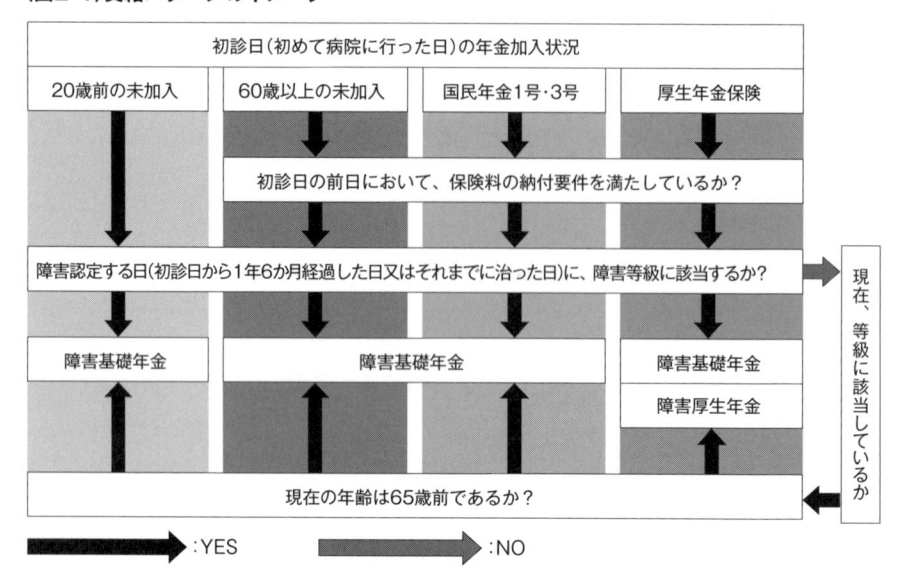

```
初診日(初めて病院に行った日)の年金加入状況
┌──────────┬──────────┬──────────┬──────────┐
│20歳前の未加入│60歳以上の未加入│国民年金1号・3号│厚生年金保険│
└─────┬────┴─────┬────┴─────┬────┴─────┬────┘
      │          ↓          ↓          ↓
      │     初診日の前日において、保険料の納付要件を満たしているか？
      ↓          ↓          ↓          ↓
障害認定する日(初診日から1年6か月経過した日又はそれまでに治った日)に、障害等級に該当するか？ → 現在、等級に該当しているか
      ↓          ↓          ↓          ↓
 障害基礎年金   障害基礎年金         障害基礎年金
                                     障害厚生年金
      ↑          ↑          ↑          ↑
           現在の年齢は65歳前であるか？
```

▬▶ :YES   ▬▶ :NO

支給額又は計算式は**表2-2**のとおりです。

7. 併給調整

障害年金と他制度(労働者災害補償保険法の保険給付、健康保険法の傷病手当金、生活保護法の給付)との併給調整は、下記のとおり解説しています。

①障害年金と労災 ⇒ Q40：161頁

②障害年金と傷病手当金 ⇒ Q10：108頁

③障害年金と生活保護 ⇒ Q21：128頁・Q29：144頁

8. 支給方法

偶数月の15日に前2か月分が振り込まれます(例：10月15日は、8・9月分)。なお、15日が土日祝日の場合には、その前の金融機関等営業日に振り込まれます。

9. 根拠

国民年金法(昭和34年4月16日法律第141号)

厚生年金保険法(昭和29年5月19日法律第115号)

特定障害者に対する特別障害給付金の支給に関する法律(平成16年12月10日法律第166号)

(1) 高等学校等就学費
(平成27年4月1日時点)

一般基準	基本額(月額)	5,450円
	教材代	正規の授業で使用する教材の購入に必要な額
	授業料	当該高等学校等がある都道府県が定めた公立高校等授業料相当額が上限
	入学料及び入学考査料	当該高等学校等がある都道府県が定めた額、市町村立の場合は市町村の定めた額以内
	通学のための交通費	通学に必要な最小限度の額
	学習支援費(月額)	5,150円
特別基準	学級費等	1,670円以内
	災害その他による再購入	学用品　27,250円以内 教　材　実費
	高等専門学校　第4学年・第5学年	年　額　297,000円以内
	入学準備費用	63,200円以内

(2) 私立小学校・中学校への就学

　私立小学校・中学校への就学は原則、認められていません。特例で授業料等が全額免除になる場合や年度途中での転校が困難な場合(当該年度中に限ります)を除いて、公立学校への転校を促されることになります。

(3) 大学等への進学

　大学への進学を希望した場合、日本学生支援機構の奨学金給付金等を受けることを条件に世帯分離(Q17：120頁)をしたうえで就学が可能です(夜間大学等に関しては、稼働能力がある場合は十分それを活用する等の要件を満たせば、保護を受けながらの就学が可能です)。生業扶助の対象とならない専修学校や各種学校でも、就学が世帯の自立助長に効果的ならば、世帯分離による就学が認められます。

Q20 調査・扶養義務

生活保護の受給までには様々な調査があると知って、申請をためらっている人がいます。具体的にはどのような調査が行われるのでしょうか?

A20

提出した預貯金通帳のコピー、住居の賃貸借契約書、収入を確認できる書類(給与明細、年金証書等)だけでなく、実際に居宅に訪問したり、関係機関に問い合わせを行ったりして調査が行われます。

調査項目	調査方法等
生活状況	申請から1週間以内に職員が居宅に訪問して生活状況を確認
資産	金融機関に預貯金残高を照会、保険会社に加入状況の照会、地方運輸局に自動車保有の有無を照会など
稼働能力	健康上の問題がある場合は検診命令を出し、検診結果を基に稼働能力を把握
扶養義務	申請者等に対する聴き取り、場合によっては戸籍謄本等により扶養義務者を把握し扶養照会
他法による扶助	年金等の社会保障給付の受給状況を年金事務所等関係機関に照会
勤労収入	給与明細等による。これが難しい場合は、必要に応じ雇用先に調査

(1) 扶養義務

生活保護には扶養義務者(配偶者、直系血族、兄弟姉妹、家庭裁判所の審判を受けて扶養義務者となった三親等内の親族(199頁参照))による扶養(経済的な援助)が優先されますが、扶養義務者がいるからといって保護が妨げられることはありません。重要なのは、実際の扶養義務の履行状況です。扶養されていないか、扶養さ

れていてもその他の収入等を合算して世帯の最低生活費を下回っていれば、当然、生活保護の対象となります。

　扶養義務者に連絡されることを危惧して、生活保護の申請に躊躇する人もいます。しかし、扶養義務者のすべてに扶養照会や通知がなされるわけではありません。

(2) 扶養照会

　配偶者、直系血族、兄弟姉妹、その他三親等内の親族のうち家庭裁判所で審判を行えば扶養義務を課される可能性が高い人（❶生活保護を希望する世帯に対し現に扶養を実行している人、❷過去に生活保護を希望する世帯から扶養を受けたことがある等の扶養が期待できる特別な理由があり、かつ、扶養能力があると推測される人）に対して、扶養照会が行われます。しかし、上記すべての人に対して、一律に行われるわけではありません。重点的に調査が行われるのは、❶配偶者や中学3年生以下の子に対する親、❷それ以外の親子関係にある人のうち扶養の可能性が期待される人、❸それ以外の過去に生活保護を希望する世帯から扶養を受けたことがある等の扶養が期待できる特別な理由があり、かつ、扶養能力があると推測される人に対してです。

　また、保護を希望している人の話から、扶養義務者が20年以上音信不通、明らかに扶養が期待できない、DV被害から逃げてきた等が判明した場合、扶養照会は行わないことになっています。事情がある場合には、照会を行わないよう福祉事務所に強く訴えてください。

(3) 扶養義務者への通知

　平成24年7月より、扶養義務を履行していない扶養義務者に対して生活保護の開始を通知することになりました。しかし、これは家事審判手続を行えば、費用徴収が決定される可能性が高いと福祉事務所が判断するような場合等に限られます。(2)で示したような特別の事情がある場合には、通知を行わないよう福祉事務所に強く訴えてください。

Q21 収入認定

障害基礎年金2級と就労継続支援B型事業所での収入(月に3万円程度)で生活している人がいますが、経済的に苦しい様子が見受けられます。生活保護も併せて受給することができますか？

A21

障害年金の受給や就労等による収入がある場合でも、収入が最低生活費を下回れば生活保護の対象となります。生活保護では、利用し得る資産(預貯金や生活に利用されていない不動産等)、能力(労働ができるならば労働能力)その他あらゆるものをその最低限度の生活の維持のために活用することが支給の要件となっているので、障害基礎年金2級と就労継続支援B型事業所での収入を活用しつつ生活保護を受給することは法の趣旨にかなっています。

(1) 勤労による収入

収入とされるのは、勤労に伴う収入のほか、農業収入(収穫量に基づいて認定)、農業以外の事業(自営)収入、年金等の社会保障制度の支給金、仕送り・贈与等による収入、財産収入(田畑、家屋、機械器具等の使用料)などがあります。

これらの収入がすべて収入として認定されるのではなく、通勤費、社会保険料、原材料購入費等その収入を得るためにかかった必要経費は控除されます。勤労に伴う収入の控除に関しては、勤労意欲の助長や自立助長を目的に、基礎控除、新規就労控除、未成年者控除などが設けられ、勤労収入の一部が最低生活費にプラスして手元に残る仕組みになっています。

■勤労収入と生活保護受給の調整（計算例）

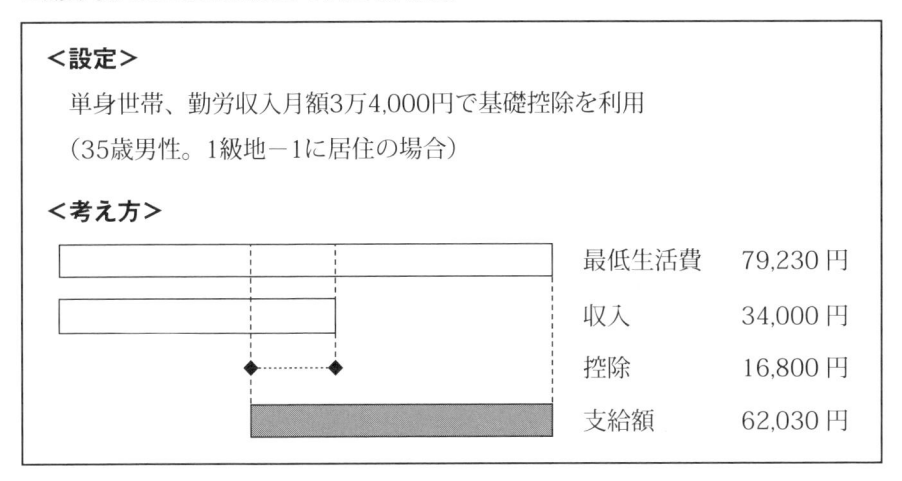

<設定>
単身世帯、勤労収入月額3万4,000円で基礎控除を利用
（35歳男性。1級地－1に居住の場合）

<考え方>

最低生活費	79,230 円
収入	34,000 円
控除	16,800 円
支給額	62,030 円

　また、社会通念上、収入として認定することが適当でないものについては、収入として認めなくてもよい（収入認定除外）という特別の扱いをすることが認められています（Q23：134頁）。

(2) 就労自立給付金制度

　就労による収入に関して、平成26年7月より、「就労自立給付金」が創設されました。これは、就労収入のうち収入認定された額の一部を仮想的に積み立てておき、生活保護を必要としなくなった後に一括して支給するというものです。生活保護の廃止後であれば誰でも対象になるというわけではなく、安定した職業に就いたことで保護を要しなくなった人に限られます。就労自立給付金の対象となる期間は最大で保護を必要としなくなった月の直前6か月分です。ただし、一括支給の上限額は、単身世帯で10万円、多人数世帯で15万円です。

　積立額は就労期間が長期になるほど逓減していくので、早期に生活保護を要しない状況になるほど有利です。なお、再受給までの期間は原則3年間となります。

■就労自立給付金の仕組み(計算例)

<積立額>

就労開始後1～3か月目	収入認定額の30%
就労開始後4～6か月目	収入認定額の27%
就労開始後7～9か月目	収入認定額の18%
就労開始後10か月目～	収入認定額の12%

<設定>

月額6万円の就労収入がある場合

　　収入認定額＝60,000円－基礎控除19,600円＝40,400円

　①就労開始6か月目で保護を要しなくなった場合

　　　12,120円(40,400円の30%)×3か月

　　　＋10,908円(40,400円の27%)×3か月＝支給額69,084円

　②就労開始12か月目で保護を要しなくなった場合

　　　7,272円(40,400円の18%)×3か月

　　　＋4,848円(40,400円の12%)×3か月＝支給額36,360円

COLUMN

申請させてもらえない？

　「水際作戦」という言葉を聞いたことがありますか？ 福祉事務所の窓口で行われる不適切な対応をそう呼びます。この名称が存在していることからも明らかなように、残念ながら、このような対応が行われることがあります。

　窓口で何らかの理由をつけて申請書の用紙を渡さなかったり、申請書を受け取らなかったりするのは、明らかな申請権の侵害です。年齢が若い、実家に帰れば暮らせるはず、真剣に探せば仕事は見つかる、借金がある、寝起きする場所が定まっていない、住民票が別の自治体にある、書類が足りない等は、申請を妨げる理由になりません。申請をする権利は常に保障されています。福祉事務所の窓口の仕事は、生活保護に関する相談に応じることであり、申請の内容を吟味して保護の決定をするような権限はありません。

　窓口では、生活保護の申請を行う意思を強く示しましょう。それでも申請を妨げられるようなことがある場合は、法テラス（147頁参照）など、生活保護に関する相談支援を行う機関・団体に相談しましょう。

　ちなみに、生活保護の申請書については、必要な要件を満たしてさえいれば、必ずしも福祉事務所設置の用紙を使う必要はありません。認定NPO法人自立生活サポートセンター・もやいのホームページでは、生活保護申請書をダウンロードすることができます（http://www.npomoyai.or.jp/）。

（風間朋子）

Q22 障害者加算

生活保護を受給している利用者が、障害年金を受給しているおかげで生活保護に障害者加算が付いたと言っていました。障害年金を受給していない人でも障害者加算の対象になりますか?

A22

生活保護制度では、障害や妊娠などの特別な需要に対応するための加算が設けられています。障害者加算の対象となる障害程度の判定は、原則、身体障害者手帳、国民年金(障害基礎年金)証書、特別児童扶養手当証書、福祉手当認定通知書によって行います。

しかし、それらを所持していなければ障害者加算を受けられないということはありません。福祉事務所が指定する医師の診断書や精神障害者保健福祉手帳のような障害程度を確認する書類があれば、これらに代えることができます(手帳の公布年月日又は更新年月日が、障害の原因となった傷病について初めて医師の診察を受けた後1年6か月を経過している場合に限ります)。手帳の1級が障害基礎年金1級、手帳の2級が障害基礎年金2級に相当します。

(1)障害者加算の概要(月額)

(平成29年4月1日時点)

		障害基礎年金1級 精神障害者保健福祉手帳1級	障害基礎年金2級 精神障害者保健福祉手帳2級
在宅者	1級地	26,310円	17,530円
在宅者	2級地	24,470円	16,310円
在宅者	3級地	22,630円	15,090円
入院患者、福祉施設・介護施設入所者		21,890円	14,590円

(2) 重度障害者加算

重度の障害(障害基礎年金1級相当よりも重度の障害)のため、日常生活において常に介護を必要とする場合は、別に14,580円(平成29年4月1日時点)が加算されます(ただし、施設等の入所者は除く)。

(3) 家族介護料

障害基礎年金1級(精神障害者保健福祉手帳1級)程度の障害があり、日常生活のすべてに介護を必要とする人を同一世帯に属する人が介護する場合には、別に12,230円(平成29年4月1日時点)が加算されます。

(4) 他人介護料

家族以外の介護人を依頼して費用が発生した場合には、70,080円以内(平成29年4月1日時点)で実際に介護に要した額が加算されます。また、重度の障害(障害基礎年金1級相当よりも重度の障害)であり、かつ、日常生活で必要な動作に著しい障害がある場合には、105,130円以内(平成29年4月1日時点)で実際に要した額が加算されます。

家族介護料と他人介護料は併給できません。

(5) 障害者加算以外の加算

加算	対象者
妊産婦加算	妊婦、産婦(母乳による哺育は6か月間、それ以外は3か月間)
介護施設入所者加算	介護施設入所者基本生活費の対象であり、かつ、障害者加算・母子加算の対象となっていない者
在宅患者加算	在宅で療養に専念している結核等により栄養の補給を要すると認められた者
放射線障害者加算	原子爆弾被爆者等
児童養育加算	中学校修了前の児童の養育者
介護保険料加算	介護保険の第1号被保険者で普通徴収対象者
母子加算	ひとり親か親がいない児童(18歳に達する日以降の最初の3月31日までの間にある児童又は20歳未満の障害児)の養育者

Q23 収入認定除外

地域活動支援センターを利用している人のお母様が亡くなりました。仲の良かったメンバー達が少しずつお金を出し合って香典(5,000円)を包みましたが、これも本人の収入として認定されるのでしょうか？

A23

理由にかかわらず、生活保護受給中に手にしたお金は、すべて福祉事務所に報告する必要があります。しかし、報告したお金の全額が収入として認定されるわけではありません。香典(5,000円)のように、出産、就職、結婚、葬祭等に際して贈与された金銭であって、社会通念上、収入として認定することが適当でないものは、収入として認定しないことになっています。

この他にも、以下のような場合には収入として認定されません。

- 災害等の損害による臨時的な補償金、保険金、見舞金のうち自立更生のために充てられる額
- 福祉事務所の指導指示により動産又は不動産を売却して得た金銭のうち自立更生のために充てられる額
- 高等学校等で就学しながら保護を受ける者のアルバイト等収入のうち、高等学校等就学費の支給対象とならない経費(私立高校授業料の不足分、修学旅行費、クラブ活動費など)、就労や早期の保護脱却に資する経費等
- 心身障害者扶養共済制度により地方公共団体から支給される年金(50頁参照)
- 敬老の日、子どもの日等の行事の一環として地方公共団体又はその長から支給される金銭

など

COLUMN

外国人と生活保護

　生活保護法は、保護の対象を「日本国憲法第25条に規定する理念に基き、国が生活に困窮するすべての国民」と明文化しており、外国人を対象から除外しています。そのため、生活に困窮している外国人は生活保護の対象とはなりませんが、国民に対する生活保護の決定実施の取扱いに準じて必要な保護を行うこと（準用）が認められています。

　しかし、日本に在住するすべての外国人が準用の対象とされているわけではありません。対象となるのは、適法に日本に滞在し、活動に制限を受けない永住、定住等の在留資格を有する外国人に限定されています。

　具体的には以下の人になります。

> ①永住者、日本人の配偶者等、永住者の配偶者等、定住者（「出入国管理及び難民認定法」別表第2）
> ②特別永住者※（「日本国との平和条約に基づき日本の国籍を離脱した者等の出入国管理に関する特例法」）
> ※終戦前から日本に在留し、サンフランシスコ平和条約の効力発生によって日本国籍を離脱した人とその子孫
> ③認定難民（「出入国管理及び難民認定法」）

　ちなみに、平成24年度に生活保護を受給している外国人の割合は、実世帯数、実人員数ともに全生活保護受給実世帯数、実人員数の3％程度となっています。

（風間朋子）

Q24 医療扶助

生活保護受給前にかかっていた歯科医院や眼科を、引き続き受診することはできますか？

A24

　生活保護には8種類の扶助がありますが（38頁参照）、そのなかでも医療サービスの費用に対応するものを医療扶助といいます。医療扶助の対象となれば、原則、自己負担なしで通院治療、入院治療、投薬などを利用することができます。

　しかし、すべての医療機関で医療扶助を利用できるわけではありません。国の開設した医療機関の場合は厚生労働大臣、それ以外の場合は都道府県知事の指定を受けた医療機関で治療等を受けるのが原則となります。その指定医療機関のうち、どこで治療を受けるのかを決定する権限は福祉事務所にあります。しかし、医療機関の選択では、治療を受ける本人の希望も考慮されます。それは、患者の医師に対する信頼感などの心理的作用が、本人への医療効果を高めると考えられるからです。

　指定医療機関の診療方針や診療報酬は、国民健康保険（後期高齢者医療制度の対象の場合はそれに基づく）の診療方針・診療報酬と同じです（一部例外もあります）。そのため、生活保護受給前に利用していた医療サービスとほぼ同じ内容のサービスを医療扶助でも利用できます。

（1）医療券

　医療扶助による治療等を希望する場合は、福祉事務所に申請し、医療券の発行を受ける必要があります。生活保護による保護の直前に国民健康保険（後期高齢者医療制度を含む）に加入していた場合、国民健康保険から脱退しなければいけません。そのため、国民健康保険証は返還することになります。これに代わって発行されるのが医療券です。

　しかし、医療券は、国民健康保険証のように常に手元にあって、どのような傷病でも医療機関でも利用できるものではありません。傷病によって受診が必要となるたびに福祉事務所に対し、医療券の発行を申請する必要が生じます。この医療券を医療機関に提出することで医療扶助を受けることができます。継続的に通院してい

る場合は特に、医療券の申請方法について詳細な説明を福祉事務所に求め、疑問がないようにしておく必要があります。急病等で受診が必要となり医療券の発行が間に合わないこともあるでしょう。そのような場合には後日の発行も可能なので、生活保護が決定した際には、必ず、急病時の対応方法を福祉事務所に確認しておきましょう。

なお、国民健康保険以外の被用者保険に加入している場合は、国民健康保険のように脱退するのではなく、引き続き加入している健康保険の医療サービスを利用し、自己負担部分を生活保護の医療扶助から支給することになります。

(2)通院に要する交通費

通院のための交通費も支給の対象となりますが、通院は原則、患者本人の自宅の近くにある医療機関に限られます。しかし、傷病等の状態により、近くにある医療機関での対応が難しい場合は、専門的な治療の必要性や患者と医師との信頼関係などを考慮し、適切な医療機関での受診が認められています。その医療機関に通院する必要性をきちんと説明し、福祉事務所に理解してもらうことが重要です。

交通費の支給には、原則として、事前の申請と領収書等の提出が必要となります。電車バス等の交通費のほか、傷病障害等の状態によってはタクシーの利用が認められることがありますので、福祉事務所に相談してください。

Q25 一時扶助

入院中に生活保護を受給し始めた人が、退院後、アパートでの一人暮らしを希望しています。敷金・礼金や日常生活に必要な物の購入代金は生活保護から支給されるのでしょうか？

A25

長期入院・長期入所からの退院退所、出産、進学などにより最低生活に必要な物品等を新たに用意しなければならなくなった場合、最低生活費の上乗せとして臨時の支給が行われます。長期入院・長期入所からの退院・退所については、以下のような支給が考えられます。また、支給される保護費を貯めて、生活に必要な物品を購入することも可能です（Q27：141頁）。

(1) 一時扶助等

下表のような臨時に発生した需要に対応する扶助を一時扶助といいます（敷金等は住宅扶助に該当します）。

（金額は平成29年4月1日時点）

布団類	保護開始時や長期入院入所から退院・退所したとき等に、使用する布団類が全くないか使用に堪えなくなり代替のものがない。	再生の場合1組につき13,100円以内 新規購入の場合1組につき19,100円以内（原則、現物給付）
被服	保護開始時や長期入院入所から退院・退所したときに、着用する被服（平常着）が全くないか使用に堪えない。	1人あたり13,800円以内（原則、現物給付）
家具什器	保護開始時や単身者が長期入院入所からの退院・退所したとき、災害による喪失などにより、最低生活に必要な炊事用具、食器等の家具什器の持ち合わせがない。	28,700円以内 真にやむを得ない事情がある場合は45,800円以内
	福祉事務所の指導に基づいて退院する	家賃等として厚生労働大

| 敷金等 | 際、帰住する住居がない場合で、入居にあたって敷金等(権利金、礼金、不動産賃貸事務手数料、火災保険料、保証人がない場合の保証料)を要する。
※保証料については扶養義務者が全くいないか長期間交流がない場合に限る。
※契約更新の場合の更新手数料、火災保険料、保証人がない場合の保証料も支給対象となる。 | 臣が都道府県、指定都市、中核市ごとに定める額(月額)の3倍以内 |

(2) その他の一時扶助

上記のほかにも次のような一時扶助が設けられていますので、利用を希望する場合には申請する必要があります。

- 災害によって失った布団類等
- 小学校第4学年進級時の学童服
- 出産準備被服費
- 入院の際の寝巻等
- 紙おむつ等
- 移送費
- 入学準備金(小・中学校の入学準備費用、転校した場合の制服等)
- 就労活動促進費
- 配電設備費、水道・井戸・下水道設備費、液化石油ガス設備費
- 家財保管料(1年間を限度)
- 家財処分料
- 妊娠定期健診料
- 不動産鑑定費用等(要保護世帯向け不動産担保型生活資金の利用のための不動産鑑定費用)(Q18:122頁)

Q26 入院中の家賃支給

生活保護を受給しながらアパートで一人暮らしをしていた人が、精神科病院に入院しました。入院が長引いた場合、アパートの家賃はどうなりますか？

A26

　単身で住宅費の支給を受けていた人が、入院や入所により一時的に自宅を離れている間の家賃を住宅扶助から支給することは可能です。ただし、これは6か月以内に退院・退所できる見込みがある場合に限られます。入院・入所後に病状が変わり、6か月を超えて入院・入所することが明らかになった場合でも、その時から3か月以内に確実に退院退所できる見込みがある場合には、さらに3か月の延長もできます。

(1) 家財保管料と家財処分料

　単身生活で、医療機関、社会福祉施設等への入院・入所により、家財を自宅以外の場所に保管してもらう必要がある場合は、入院・入所後1年間を限度に月額13,000円以内（平成29年4月1日時点）で家財を保管するための費用が支給されます。また、単身生活の人が6か月を超える入院・入所により家財の処分が必要な場合、必要最小限の額が支給されます。

(2) 入院・入所中の保護費

　在宅生活と入院中とでは支給される保護費の額が異なります。入院が1か月を超えるか、1か月を超えることが見込まれる場合は、入院患者に関する居宅基準生活費（居宅で生活する人の食費や光熱費等）が入院患者日用品費へと切り替えられます。入院患者日用品費は、在宅時に支給されていた金額より低額（月額22,680円：平成29年4月1日時点）に設定されているので注意が必要です。障害者支援施設入所の場合は、入院患者日用生活費と併せて、食費、居住に要する費用として施設に支払うべき額の合計額が支給されます。

Q27 生活保護受給中の預貯金・申請時の預貯金

保護費を預貯金している利用者がいます。問題はないですか？

A27

　生活保護の開始前から申請せずに保有していた、又は保護後の収入を未申告のまま保有していたなどでなければ、生活保護の趣旨目的に反しない限り、支給された保護費をやりくりして預貯金することは認められています。もちろん、預貯金のために健康が損なわれるほど生活費を切り詰めるのは論外ですが、常識的な範囲内での預貯金であり、かつ、使用目的が生活保護の趣旨目的に反していなければ、その預貯金をどのように使うのかは本人の自由に任されています。ただし、預貯金の使用目的が生活保護の趣旨目的に反すると判断された場合、その預貯金は資産とみなされ、金額によっては保護の停止や廃止が行われます。

(1) 専修学校、各種学校、大学への就学を目的とした貯金

　生活保護を受給している世帯に高等学校に就学中の人がいる場合、専修学校、各種学校、大学への就学に必要な経費（事前に必要な入学料等に限ります）に充てるための預貯金が認められています。なお、卒業時の資格取得が見込めるなど特に自立助長に効果的であると認められること等の条件があり、事前に福祉事務所に相談する必要があります。

(2) 保護開始前の手持金

　預貯金や現金が少しでもあれば、生活保護が受けられないということはありません。保護の決定を左右するのは、その金額です。

　生活保護の決定に当たっては、世帯の収入が世帯の最低生活費を下回っていることが条件となります。この収入には預貯金や現金も含まれ、その他の収入と合算した金額が最低生活費以下ならば、生活保護の対象となります。保護の開始時には、最低生活費（医療扶助、介護扶助を除く）の5割を超える手持金が収入として認定され、残りの金額が手元に残るよう保護費の支給がなされます。手元に残せるのは、単身生活の場合、30,000円から50,000円ぐらいでしょうか。

Q28 生活保護受給者の権利と義務・福祉事務所の指示指導

保護費を節約してパソコンを購入した利用者がいます。福祉事務所に知られても問題になりませんか？

A28

支給された保護費やその他の収入をどのような用途に利用するかは、世帯の考えに任されています。保護費を節約して貯めたお金でパソコンを購入することは当然、認められます。また、それらの金銭をパチンコや飲酒等、個人的な趣向に使うことも現行法上、問題ありません。ただし、限度なくそれらが認められているわけではありません。

生活保護の受給者には生活上の義務として、常に能力に応じて勤労に励むこと、自ら健康の保持及び増進に努めることのほか、収入支出などの生計の状況を把握して支出の節約を図ること、生活の維持及び向上に努めることが求められています。これに違反すると福祉事務所が判断した場合、指導指示が行われます。指導指示は、はじめは口頭で行われますが、これに従わない等の場合、今度は、文書で内容を確認したうえでの指導指示が行われます（ただし、生活保護法第27条に、指導指示は本人の自由を尊重し、必要最少限度に止め、本人の意に反して強制し得るものと解釈してはならないと規定されています）。この指導指示に従わないと判断された場合は、保護の変更、停止、廃止（199頁参照）が行われるおそれがあります。

ただし、保護の変更、停止、廃止の処分をする場合には、本人の弁明の機会を与えるため、❶処分しようとする理由、❷弁明をすべき日時・場所を本人に対して事前に通知しなければならないことになっています。

(1) 生活保護受給者の権利

不利益変更の禁止	正当な理由がなければすでに決定された保護を不利益に変更されることがない。
公課禁止	保護金品を標準として租税その他の公課を課せられることがない。

差押禁止	支給された保護金品やこれを受ける権利を差し押さえられることがない。
譲渡禁止	保護、就労自立給付金の支給を受ける権利は譲り渡すことができない。

(2) 生活保護受給者の義務

生活上の義務	常に能力に応じて勤労に励み、自ら健康の保持、増進に努め、収入支出その他生計の状況を適切に把握するとともに支出の節約を図り、その他生活の維持、向上に努める。
届出の義務	収入支出などの生計の状況について変動があったときや、居住地、世帯の構成に異動があったときは、速やかに、その旨を届け出なければならない。
指示等に従う義務	生活の維持、向上その他保護の目的達成に必要な指導指示に従わなければならない。
費用返還義務	急迫の場合等で資力があるにもかかわらず保護を受けたときは、保護に要した費用を返還しなければならない。

Q29 保護費の金額

実際に支給される保護費はいくらになりますか？

A29

実際に支給される保護費は、住んでいる地域や世帯構成によって異なります。まず、その世帯の最低生活費を計算し、世帯に収入がある場合は、その最低生活費から収入（Q21：128頁）を引き算します。そこで出された金額が支給される保護費の月額です。以下の世帯を例に、支給される保護費の金額を計算してみましょう。

(1) 世帯構成（2人世帯）

63歳女性（病気により在宅治療中）
35歳男性（障害基礎年金2級　年額779,300円を受給中）

上記の世帯が平成29年4月1日時点で神奈川県横浜市と京都府福知山市に住んでいた場合を比較します。

	神奈川県横浜市在住 （1級地－1）	京都府福知山市在住 （3級地－1）
生活扶助基準生活費	118,700円	100,140円
障害者加算	17,530円	15,090円
住宅扶助	家賃や間代等が発生している場合の実費。 ただし、62,000円以内	家賃や間代等が発生している場合の実費。 ただし、43,000円以内
医療扶助	医療サービスの提供（自己負担なし）	
合　　計	198,230円以内 ※11月～3月は冬季加算として3,660円が加算	158,230円以内 ※11月～3月は冬季加算として3,660円が加算

次に、世帯の収入についてです。もし、世帯の収入が上記の合計金額(横浜市ならば198,230円以内、福知山市ならば158,230円以内)を上回っていた場合、保護費の支給は行われません。しかし、この世帯の収入は、障害基礎年金2級の月額64,941円(年額779,300円)です。よって、支給される月額は以下となります。

	神奈川県横浜市在住	京都府福知山市在住
支給額	保護費133,289円 (＋障害基礎年金64,941円)	保護費93,289円 (＋障害基礎年金64,941円)

(2) 世帯構成(単身世帯)

35歳男性(障害基礎年金2級　年額779,300円を受給中)の独居

　上記の世帯が平成29年4月1日時点で神奈川県横浜市と京都府福知山市に住んでいた場合を比較します。

	神奈川県横浜市在住 (1級地−1)	京都府福知山市在住 (3級地−1)
生活扶助基準生活費	79,230円	66,840円
障害者加算	17,530円	15,090円
住宅扶助	家賃や間代等が発生している場合の実費。 ただし、52,000円以内*	家賃や間代等が発生している場合の実費。 ただし、36,000円以内*
医療扶助	医療サービスの提供(自己負担なし)	
合　　計	148,760円以内 ※11月〜3月は冬季加算として3,580円が加算	117,930円以内 ※11月〜3月は冬季加算として3,580円が加算
支給額	保護費　　　83,819円以内 (＋障害年金64,941円)	保護費　　　52,989円以内 (＋障害年金64,941円)

＊：床面積15m^{2}以下の場合は、金額が異なります。

Q30 審査請求・行政事件訴訟

担当している精神障害者が生活保護を打ち切られました。何とかなりませんか？

A30

　生活保護を希望して申請したが認められなかったとき、保護が決定したが保護費の額など内容に納得できないとき、納得いかない保護費の減額や保護の停止・廃止（199頁参照）がなされたときなどは、処分があったことを知った日の翌日から3か月以内に都道府県知事に対して審査請求を行うことができます（処分があった日の翌日から1年が経つと審査請求ができなくなります）。都道府県知事は、当事者が納得いかない処分について、その処分に不当な点がないか審理して50日以内、第三者機関に諮問した場合は70日以内に裁決を行います。

　この都道府県知事の裁決に対して納得がいかない場合は、裁決があったことを知った日の翌日から1か月以内に厚生労働大臣に対し、再審査請求を行うことができます。厚生労働大臣は、その処分に不当な点がないかを審理して70日以内に裁決を行います。

(1) 審査請求・再審査請求の方法

　以下の内容を記載した書面（様式は決まっていません）を審査請求ならば都道府県知事、再審査請求ならば厚生労働大臣に正副2通を提出します。

> ・請求人の氏名または名称、住所または居所、押印
> ・何の処分に不服で審査（再審査）を請求するのか
> 　（例）生活保護法に基づく○年○月○日付け第○号の福祉事務所長の
> 　　　裁決について不服なので審査を請求します。
> ・処分（裁決）を知った日
> ・不服の趣旨及び理由
> ・処分庁の教示の有無及びその内容
> ・審査請求・再審査請求をする年月日

　請求は、代理人が行うこともできます。

(2) 行政事件訴訟

　再審査請求の裁決に不満がある場合や、再審査請求を行わなくとも審査請求の裁決が行われていれば(そして、これに不満があれば)、行政事件訴訟を行うことになります。審査請求や再審査請求は書面(口頭での意見陳述や質問もできる)により行政の組織に不服を申し立てるものでしたが、行政事件訴訟は裁判所で行われる、私たちがイメージするところの「裁判」です。民事訴訟と同様、原告として裁判所に訴状を提出し裁判手続きが行われます。

■それでも困ったときは法テラス(日本司法支援センター)

　法テラス(日本司法支援センター)は、法的なトラブルを抱えた場合に誰でも利用できる総合的な相談窓口です。相談内容に応じて制度の紹介や専門的な相談を受け付ける関係機関の紹介を行っており、有効に利用したい社会資源の1つです。

　生活保護との関連では、収入等に関する一定の要件を満たした高齢者・障害者・ホームレス等を対象に、生活保護申請、福祉事務所との交渉、審査請求などに要した弁護士費用の援助を日本弁護士連合会からの委託により行っています。また、法テラスが提供している弁護士・司法書士による裁判所での手続きや示談交渉に要した費用、裁判所に提出する書類の作成費用などについても生活保護の受給者ならば費用の支払いが猶予、免除されることがあります。

　このような制度や地域の生活保護支援団体等の情報などは事前に把握し、相談手段を確認しておくことが重要です。

```
・法テラス    http://www.houterasu.or.jp/
              0570-078374
              平日9:00〜21:00・土曜日9:00〜17:00
```

3 手当

Q31 特別障害者手当・特別児童扶養手当・障害児福祉手当

精神障害者が利用できる社会手当に、特別障害者手当、特別児童扶養手当、障害児福祉手当があると聞きました。これらの違いがよくわかりません。

A31

特別障害者手当、特別児童扶養手当、障害児福祉手当も「障害」を支給の理由としていますが、対象となる障害者(児)の年齢、障害の程度、その他の状況によって支給される手当の種類が異なります。

（金額は平成29年度）

	特別障害者手当	特別児童扶養手当	障害児福祉手当
障害者(児)の年齢	20歳以上	20歳未満	20歳未満
障害の程度	著しく重度の障害※	障害基礎年金1級・2級程度の障害	障害基礎年金1級相当よりも重度の障害
その他の状況	在宅(3か月以内の入院含む)で生活し、日常生活に常時特別の介護が必要な者	児童を自宅で養育している父か母、父母以外の場合は同居し生計を維持している養育者に支給	在宅で生活し、日常生活に常時の介護が必要な者
支給額(月額)	26,810円	1級　51,450円 2級　34,270円	14,580円

※例1　障害基礎年金1級相当の障害の重複
　　2　障害基礎年金1級相当の障害1つと2級相当の障害2つの3重複
　　3　障害児福祉手当の対象となる程度の精神の障害があり、かつ、日常生活能力判定表の合計が14点以上　　など

■日常生活能力判定表

動作及び行動の種類	0点	1点	2点
1　食事	ひとりでできる	介護があればできる	できない
2　用便(月経)始末	ひとりでできる	介護があればできる	できない
3　衣服の着脱	ひとりでできる	介護があればできる	できない
4　簡単な買い物	ひとりでできる	介護があればできる	できない
5　家族との会話	通じる	少しは通じる	通じない
6　家族以外との会話	通じる	少しは通じる	通じない
7　刃物・火の危険	わかる	少しはわかる	わからない
8　戸外での危険から身を守る(交通事故)	守ることができる	不十分ながら守ることができる	守ることができない

注：「障害児福祉手当及び特別障害者手当の障害程度認定基準について」(昭和60年12月28日社更第162号厚生省社会局長通知)「別紙　障害児福祉手当及び特別障害者手当の障害程度認定基準」

第❸章 ▷ 経済的支援をよりよく実践するためのQ&A

Q32 特別児童扶養手当・障害基礎年金

現在、特別児童扶養手当を受給されている利用者がいますが、特別障害者手当の対象となるほど障害が重くありません。成人後の所得保障はどうなりますか？

A32

特別児童扶養手当の対象となるのは、20歳未満で障害基礎年金1級・2級程度の障害を有する児童を養育している父母(父母以外の場合は同居し生計を維持している養育者)です。そのため、障害児が成人すると特別児童扶養手当の対象から外れてしまいます。

しかし、特別障害者手当の対象となるのは著しく重度の障害があり、かつ、在宅で生活している人です。そのため、特別児童扶養手当の対象となっていた人が、そのまま特別障害者手当の対象となるとは限りません。しかし、特別児童扶養手当の対象となった障害の程度ならば、障害基礎年金1・2級の対象になると考えられます。また、特別児童扶養手当は在宅の児童のみが対象となりましたが、障害基礎年金に関しては、在宅・入所・入院等の生活形態を問わず支給されます。

障害基礎年金は、20歳前に初診日があれば本人の保険料納付要件(**34頁参照**)は問われません。ただし、初診日が18歳6か月以前にある場合は、20歳になったときに障害認定がなされ年金の受給権が発生しますが、初診日が18歳6か月以後の場合では、障害認定日が初診日から1年6か月が経過してから、つまり、20歳を過ぎてから設定されることになります。そのため、障害基礎年金も特別児童扶養手当も支給されない期間が発生する可能性があります。

4 | 精神障害者保健福祉手帳

Q33 精神障害者保健福祉手帳のメリット

精神障害者保健福祉手帳を申請するかを迷っている人から、手帳取得によって得られるメリットについて質問されました。どのように説明したらよいか、教えてください。

A33

精神障害者保健福祉手帳の交付を受けると、次のような様々なサービスが利用できることを、具体的に紹介するとよいでしょう。サービスには、全国一律に行われているものと、地域・事業者で実施状況が異なるものとがあります。お住まいの地域で実際に利用できるサービス内容は、各自治体が情報提供しているので確認してみましょう。その際、身体障害者手帳・療育手帳の所持者とは利用できるサービスが異なる場合があるので、特に留意が必要です。

精神障害者保健福祉手帳所持者が利用できるサービス(一部掲載)

	内容	補足説明
全国一律で実施	所得税・住民税・相続税算定上の控除	税金が減額されます(所得税については79頁)。
	生活保護の障害者加算(1・2級のみ)	生活保護費が増額されます(Q22：132頁)。
	生活福祉資金の貸付	生活に必要な資金を借りることができます(82頁)。
	NHK放送受信料の減免	世帯主が手帳1級の場合は半額免除、手帳所持者がいる世帯かつ世帯構成員全員が市町村民税非課税の場合は全額免除です。
	手帳所持者を事業主が雇用した際、障害者雇用率にカウント	手帳所持者は障害者対象の求人に応募できます。手帳所持者、雇用した事業主とも、各種支援制度を利用できます。

地域・事業者で異なる	鉄道、バス、タクシー等の運賃割引	地域・事業者により実施状況(実施の場合は対象者の範囲、割引率、介助者の割引の有無など)が異なります。例として、東京都内在住者は、都バス・都営地下鉄などが無料になる乗車証が利用でき、一般路線バスの都内区間には半額で乗車できます。神戸市・京都市在住者は、市バス・市営地下鉄と一部の路線バスなどが無料になる乗車証が利用できます。JRでは、精神障害者保健福祉手帳は割引の対象外です(身体障害者手帳・療育手帳は対象)。
	医療費の助成	地域により実施状況(実施の場合は対象者の範囲、利用条件、金額など)が異なります(医療費助成については**74頁**)。
	手当・給付金等の支給	
	上下水道料金の割引	
	携帯電話料金の割引	携帯電話会社により異なります。
	施設入場料等の割引	公共施設、美術館、映画館等の割引です。

Q34 発達障害・高次脳機能障害の手帳申請

精神障害者保健福祉手帳は、発達障害や高次脳機能障害がある人も申請できると聞きました。申請時の留意点を教えてください。

A34

精神障害者保健福祉手帳の判定は、診断書(212頁参照)をもとに行われます。平成23年4月から、診断書の様式が発達障害や高次脳機能障害がある人の症状、状態像を適切に把握できるよう見直されました。

発達障害や高次脳機能障害がある人で、主治医が小児科、脳神経外科、神経内科、リハビリテーション科、老年科を専門とする場合には、精神科医に限らず主治医が診断書を作成できます。

診断書の作成時には、次の点に留意する必要があります。

記入欄	留意点
病名	ICD-10コード(198頁参照)で分類される病名で記載します。
初診年月日	主たる精神障害についての初診日を記入します。精神科以外を受診した場合でも、その初診日で構いません。
発病から現在までの病歴及び治療の経過、内容	「推定発病時期」欄には、主たる精神障害の症状が明らかになった時期を記入します。「発病状況、初発症状」は具体的に記入します(例:健忘症、集中力低下)。高次脳機能障害の場合、「器質性精神障害(認知症を除く)の場合、発症の原因となった疾患名とその発症日」欄も記入します(疾患名の例:脳挫傷)。
現在の病状、状態像等	この欄の「現在」は、診断書記入時点のみではなく、おおむね過去2年間に認められたもの、あるいは今後2年間に予想される状態を指します。「情動及び行動の障害」「知能・記憶・学習・注意の障害」など、該当するものに○をします。

生活能力の状態	おおむね過去2年間の病状、あるいはおおむね今後2年間に予想される状態を、アパートなどでの単身生活を想定して記載します。「援助」とは、助言、指導、介助等です。
生活能力の具体的程度・状態等	生活能力の状態について、生活障害の程度を示す具体的な情報を自由記述で記入します。精神障害に伴う生活障害は、障害程度(活動性の制限の程度)の判断に特に重要な事項となるので、対人関係や社会生活等に関する具体的な情報まで記載します。
現在の障害福祉サービス等の利用状況	どのような支援(種類や提供者)をどの程度(支援の量)受けているかを具体的に記載します。

5 | 心身障害者扶養共済制度

Q35 心身障害者扶養共済制度・年金管理者

親亡き後に備える「心身障害者扶養共済制度」という制度があると聞きました。障害者本人の金銭管理に不安がある場合、支給される年金の受取りはどうなるのですか？

A35

親亡き後に備えた心身障害者扶養共済制度ですが、本人の金銭管理等に不安があり、年金の受取りや管理が心配な場合もあるでしょう。そのようなときには、申込みの際に年金の受取りや管理をする人(年金管理者)を指定することになっています。年金管理者が指定されている場合、年金の支払いは年金管理者に対して行われます。申請後に、指定した年金管理者の死亡、辞退等の事情が発生した場合には、年金管理者の変更も認められています。

6 医療保険

Q36 傷病手当金の3要件

傷病手当金の3要件についてもう少し詳しく教えてください。

A36

傷病手当金の3要件について、実務上注意すべき点を下表にまとめました。

	要　件	注意点など
1	療養のため	①医師からの療養を受けない自宅療養であっても傷病手当金の支給対象となる場合がある。 ②就職前の傷病がその後に悪化した場合であっても傷病手当金は原則支給される。 ③美容整形等の療養の範囲に含まれない事情により労務不能となった場合には、傷病手当金は支給されない。
2	労務不能	①労務不能かどうかは、業種や個々の事情を考慮して保険者の判断による(内職程度であれば就労しても労務不能と認定される)。
3	待期の完成 (次頁参照)	①待期の3日間は「連続」しなければならない。 ②待期は一度完成すればよい。 ③待期の3日間は給与の有無を問わない(実務的には有給休暇で処理することが多い)。 ④労務不能となった日が業務終了後である場合、待期期間は翌日から起算する。

■傷病手当金支給額の計算

<設定>
① 全国健康保険協会の健康保険に加入するXさん
② Xさんの標準報酬月額は36万円
③ Xさんは、4月4日から9日まで欠勤し、4月10日から15日まで出勤したものの病状が悪化して、4月16日から30日まで欠勤した。
④ 4月4日〜6日は有給休暇を取得し、4月7日分以後の欠勤日については、給与の支給はされない。
⑤ 傷病手当金の第1回目の請求を4月30日までの分をまとめて会社が手続きを行った。

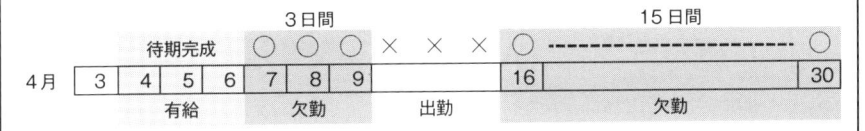

```
                 3日間              15日間
        待期完成  ○ ○ ○ × × ×  ○--------------○
4月  3  4  5  6  7  8  9        16             30
        有給      欠勤     出勤         欠勤
```

<解説>
① 標準報酬日額は、12,000円（標準報酬月額÷30）
② 傷病手当金日額は、8,000円（標準報酬日額×2/3）
③ 待期は、連続する3日間（4/4〜4/6）で完成
④ 4月10日〜15日は就労しており、「労務不能」には該当しないため傷病手当金の支給対象外
⑤ 4月中で傷病手当金に該当する日は、4月7日〜9日の3日間と4月16日〜30日までの15日間の合計18日間。

<計算>
8,000円×18日分＝144,000円
Xさんの傷病手当金（4月分）は、144,000円。

Q37 復職・退職時の傷病手当金

復職や退職したら傷病手当金は受けられなくなりますか？

A37

　傷病手当金は支給開始日（支給対象となる初日）から起算して1年6か月間（健康保険組合による場合はこれよりも長い場合があります。以下同じ）が支給期間です。この1年6か月は「1年6か月分」を保障するものではなく、支給開始日からカレンダー上で1年6か月が経過したら傷病手当金の支給期間が満了することを意味していますので、間違えないよう注意してください。

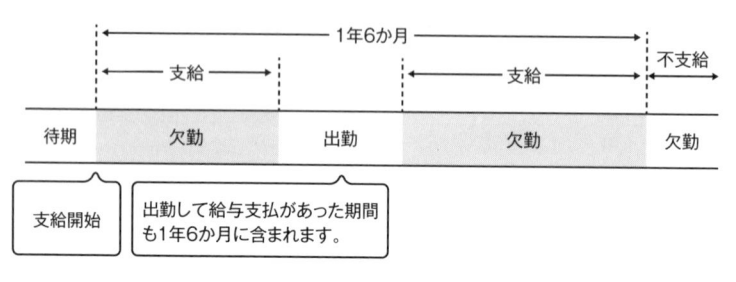

出典：全国健康保険協会ホームページ

復職・退職に関係する傷病手当金の注意点は下表にまとめました。

場面	注意点など
復職	①復職して給与を受けられる期間は、傷病手当金は支給されない（労務不能要件を欠く／Q36：156頁の計算例参照）。 ②復職後の再休職については、待期の3日間は不要（Q36：156頁参照）。 ③復職中に傷病手当金を受けない期間があったとしても、支給期間は支給開始日から1年6か月経過したところで満了する。
退職	①退職後に引き続き傷病手当金を受けるためには、その会社で1年以上健康保険に加入していたことが必要。 ②当初の傷病手当金の支給期間満了日は変わらない。 ③退職後の傷病手当金は、老齢年金との併給調整が行われる。具体的には、老齢年金の額を360で割った額を1日分の給与とみなして、傷病手当金の額と比較をする仕組み。 ④退職後の傷病手当金の請求には、事業主（会社）の証明等は不要。

Q38 高額療養費に含めることができないもの・できるもの

高度先進医療や入院中の食事代は高額療養費の計算に含めることができますか？

A38

高度先進医療や入院中の食事代（自費分）については、高額療養費における自己負担額等の計算に含めることができません。

高額療養費の対象とならないものの例を下表にまとめました。

高額療養費の対象とならないものの例
①高度先進医療の技術料（評価療養）
②特別個室等の差額ベッド代（選定療養）
③入院中の食事代自費分（食事療養標準負担額）
④65歳以上の長期入院にかかる光熱水費（生活療養標準負担額）
⑤入院中の日用生活品の購入費　など

🔔知っておきたい＋αの知識：「標準負担額減額認定申請書」

高額療養費の対象とならない、食事療養標準負担額や生活療養標準負担額について、市町村民税非課税等の低所得者については減免措置を受けることができます。「限度額適用・標準負担額減額認定申請書」を健康保険の窓口へ申請してください。

なお、申請の際には、所得に関する市区町村長の証明を受けるか非課税証明書を添付することが必要です。

🔔知っておきたい＋αの知識：「70歳以上の限度額適用認定」

70歳以上の人は、限度額適用認定証の手続きは不要です。健康保険の被保険者証と高齢受給者証を医療機関で提示することで、高額療養費算定基準額までの支払いで済む仕組みです。

ただし、標準負担額減額認定については別途申請が必要です。

Q39 高額療養費の世帯合算制度

高額療養費の計算は家族の分も合算できると聞きましたが、同居の家族であればよいのでしょうか？

A39

高額療養費制度には、世帯合算の仕組みがあります。ただし、同居している家族であったとしても、それぞれが健康保険の被保険者である場合や加入している健康保険が異なる場合には高額療養費の世帯合算はできません。

	世帯員の状況と世帯合算の可否	
例1	世帯合算できる	
	夫：A社で健康保険加入	4月の自己負担6万円
	妻：夫の健康保険の扶養	4月の自己負担6万円
例2	世帯合算できない（それぞれが健康保険の被保険者）	
	夫：B社で健康保険加入	5月の自己負担6万円
	妻：C社で健康保険加入	5月の自己負担6万円
例3	世帯合算できない（加入している医療保険制度が違う）	
	父：国民健康保険加入	6月の自己負担6万円
	子：D社で健康保険加入	6月の自己負担6万円

■例1を用いた高額療養費算定基準額（自己負担限度額）の計算

＜設定＞
①夫の標準報酬月額40万円
②夫婦とも70歳未満

＜計算＞（55頁参照）
※下線部は、自己負担分から総医療費を逆算したもの。
80,100＋［{(60,000＋60,000)×10/3} －267,000］×1％ ＝81,430円

7 労働者災害補償保険・雇用保険

Q10 障害年金(国民年金・厚生年金)との併給調整

障害年金(国民年金・厚生年金)と労災給付の併給調整について教えてください。

A10

同一支給事由で障害年金と労災給付を受ける権利を有する場合、原則として併給調整が行われます。具体的には以下のとおりです。

①労災の給付が優先されるもの

- 20歳前障害による障害基礎年金と労災給付が同一支給事由による場合には、障害基礎年金が支給停止(＊1)されます。
- 厚生年金保険法による障害手当金(198頁参照)と労災給付が同一支給事由による場合には、障害手当金は不支給(＊2)となります。

②国民年金・厚生年金保険の給付が優先されるもの

- 20歳前障害以外の障害年金と労災給付が同一支給事由による場合には、労災給付側が減額されます。労災の支給率は下表のとおりです。

(労災支給率表)

障害年金＼労災給付	障害補償年金	傷病補償年金	休業補償給付
障害基礎・障害厚生	73%	73%	73%
障害厚生のみ	83%	86%	86%
障害基礎のみ	88%	88%	88%

③併給調整が行われないもの

- 労災給付の上乗せとして支給される特別支給金(一般の特別支給金及びボーナス特別支給金)については、国民年金法及び厚生年金保険法による給付との併給調整規定がありませんので、いずれの給付も全額受給することが可能です。請求漏れがないよう注意してください。

＊1:「支給停止」―受給権が発生するが支給される額の一部又は全部が停止される。支給停止事由が消滅すれば、支給が開始される。
＊2:「不支給」―そもそも受給権が発生しない。

■併給調整の計算例

<設定>

①Ｚさんは40歳男性で会社員(厚生年金加入)。

②Ｚさんは平成25年1月頃から毎月100時間以上の残業を強いられていた。

③Ｚさんは、平成25年6月にうつ病と診断されて休職へ。

④Ｚさんは、「過重労働である」と労働基準監督署の認定がなされ、労災からは休業補償給付7,200円／日と休業特別支給金2,400円／日が支給されることとなった。

⑤Ｚさんの病状は改善しないまま1年6か月が経過したため障害厚生年金の請求をし、平成27年4月に2級の障害基礎・障害厚生年金(150万円／年)が決定された。

⑥傷病補償年金には該当しないとのことで、労災からは引き続き休業補償給付が支給される。

<解説>

①国民年金・厚生年金保険と併給調整となるのは「休業補償給付7,200円／日」で、「休業特別支給金2,400円／日」は併給調整の対象外である。

②併給調整率は73％なので、休業補償給付を27％減額。

<計算>

7,200円×73％＝5,256円

Ｚさんの休業補償給付は、5,256円。

<受給総額>

Ｚさんは、障害基礎・障害厚生年金150万円に加えて、休業補償給付5,256円／日と休業特別支給金2,400円／日を受給することとなる。

Q41 給付基礎日額と算定基礎日額の考え方

給付基礎日額と算定基礎日額について仕組みと違いを教えてください。

A41

給付基礎日額は特別支給金以外の保険給付(休業特別支給金を含む)の額を計算するときに用い、算定基礎日額は特別支給金(休業特別支給金を除く)の額を計算するときに用いるものです(62頁参照)。算出方法は以下のとおりです。

①給付基礎日額

労災事故等が発生する直前3か月の給与(臨時に支払われる賃金やボーナスを除きます)を1日分に換算した額のことです。休業補償給付に使用する給付基礎日額のことを「休業給付基礎日額」などと呼びます。

②算定基礎日額

労災事故等が発生した日以前1年間に会社から受けたボーナスの総額を算定基礎年額といい、その額を365で割ったものが算定基礎日額です。ただし、ボーナスの総額が給付基礎年額(給付基礎日額に365を掛けたもの)の20%を超える場合には、給付基礎年額の20%が算定基礎年額(上限150万円)となります。

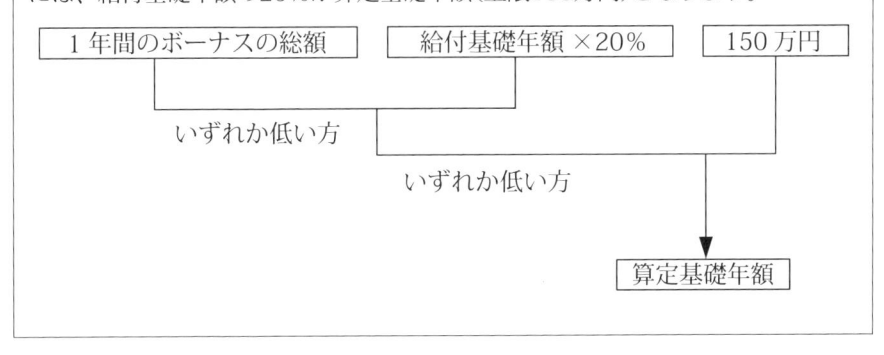

```
┌─────────────────┐  ┌─────────────────┐  ┌─────────┐
│ 1年間のボーナスの総額 │  │ 給付基礎年額×20% │  │ 150万円 │
└─────────────────┘  └─────────────────┘  └─────────┘
         └──── いずれか低い方 ────┘              │
                    └──────── いずれか低い方 ────┘
                                              ↓
                                        ┌──────────┐
                                        │ 算定基礎年額 │
                                        └──────────┘
```

163

Q42 就職困難者・特定理由離職者・特定受給資格者の定義等

退職理由や障害の有無等により受給できる雇用保険の給付内容等に違いがあると聞きました。ポイントを教えてください。

A42

雇用保険の基本手当は、離職理由や障害の有無等により所定給付日数に差があります（65頁参照）。「就職困難者」「特定理由離職者」「特定受給資格者」という3つのキーワードの主な要件や意味を知っておくことが重要です。

用　語	要件・用語の意味等
就職困難者	基本手当の所定給付日数が多く付与される就職困難者とは、①障害者雇用促進法に規定する身体障害者、知的障害者、精神障害者（精神障害者保健福祉手帳の交付は必ずしも要件とはなっていない）、②社会的事情により就職が著しく阻害されている者等とされています。なお、常用就職支度手当における就職困難者の範囲はこれより広く、定職に就いたことがない若年者等も含まれます。
特定理由離職者	次の①又は②の理由で離職した者。 ①期間の定めのある労働契約の期間が満了し、かつ当該労働契約の更新がないこと（契約更新を希望したが会社側と更新の合意に至らなかった場合に限る） ②心身の障害や家族の介護等の正当な理由のある自己都合
特定受給資格者	次のいずれかの理由で離職した者。 ①会社の倒産や事業縮小によるリストラ ②会社側の都合による解雇 ③その他厚生労働省令で定めるもの（事業所移転による通勤困難、雇用条件の著しい相違等）

Q43 基本手当の受給期間延長と傷病手当

体調不良で仕事を辞めましたが、再就職を希望しています。ハローワークでは、どのような手続き・相談ができますか？

A43

体調不良により職業に就くことが難しい場合に、利用できる制度があります。①離職後すぐに就職活動ができない場合、②離職後に就職活動を始めたが、体調が悪くなって活動ができなくなってしまった場合の2つのパターンに分けて説明します。

①離職後すぐに就職活動ができない場合

基本手当の受給期間は、原則、離職から1年間です。ただし、体調不良等で引き続き30日以上職業に就くことができない場合には、受給期間の延長（最長で4年）を申請することができます。退職してから30日経過した日の翌日から起算して1か月以内に、住所地のハローワークで受給期間の延長手続きを行ってください。手続きの際には「離職票」が必要となります。

②離職後に就職活動を始めたが、体調が悪くなって活動ができなくなってしまった場合

求職の申し込み後（就職活動開始後）に体調が悪化して職業に就くことが難しくなってしまった場合には、その程度に応じて次の3つの選択肢があります。ハローワークで相談のうえ、必要な手続きを行ってください。

求職の申込み後、疾病等により職業に就くことができない期間	継続して15日未満	証明書認定によって基本手当を受給する
	継続して15日以上30日未満	傷病手当（基本手当日額と同額）を受給する
	継続して30日以上	傷病手当を受給するか基本手当の受給期間延長を申請する

8 医療費助成制度

Q44 自立支援医療(精神通院医療)の初回申請

自立支援医療(精神通院医療)を初めて申請するときには、どのように手続きを進めたらよいですか?

A44

申請手続きの流れは、次のとおりです。

	流れ	補足説明、留意点など
1	必要書類を作成します。	
	(1)申請書	「世帯」は、同一医療保険加入者、又は税制上の扶養関係にある人です。
	(2)診断書(申請日から3か月以内に作成されたもの)	① 精神障害者保健福祉手帳との同時申請の場合は、手帳用の診断書1枚で構いません。 ② 精神障害者保健福祉手帳を交付されている場合は、手帳の写しで差し支えありません。 ③ ①及び②とも、「高額治療継続者(重度かつ継続)」として申請する場合は、医師の意見書も添付する必要があります。
	(3)医療保険の加入関係を示す書類	受診者及び受診者と同一の「世帯」に属する人の名前が記載された医療保険被保険者証等の写しを提出します。
	(4)「世帯」の所得状況が確認できる書類	市町村民税非課税世帯は非課税証明書、課税世帯は課税額がわかる証明書を提出します。
2	市区町村の担当窓口に申請書類を提出します。	

3	認定された場合は、「自立支援医療受給者証(精神通院)」が本人に交付されます。	受給者証に記載の医療機関等で、被保険者証等と一緒に受給者証を提示すれば窓口負担が軽減されます。自己負担上限月額が設定されている人は、「自己負担上限額管理票」も提示します。
認定後	有効期間は1年です。更新手続は期間終了3か月前からできます。有効期間内に更新手続を行うと、診断書の提出が2年に1度となります(手帳の写しで申請した人は、更新時に診断書が必要です)。	

Q45 無料低額診療事業の実施状況

経済的に苦しく、医療費の自己負担分の支払いができないために受診を継続できない人がいます。無料又は低額で診療を受けられる制度の実施状況を教えてください。

A45

精神障害のある人は、精神科の受診に限らず、身体疾患も併せもっていることも多く、健康な生活を送るうえで必要となる医療費の支払いが課題になることがあります。生計困難者が受診回数を減らしたり、受診しなかったりする状況となることを回避し、適切な医療を受けるうえで、無料低額診療事業は重要な役割を果たしています。

無料低額診療施設は2015（平成27）年10月時点で全国に553か所あります（厚生労働省「平成27年 社会福祉施設等調査の概況」）。『医療福祉総合ガイドブック 2017年度版』（NPO法人日本医療ソーシャルワーク研究会編，医学書院，2017年）には、都道府県や病院のホームページ、社会福祉協議会の無料低額診療施設名簿等の資料をもとに2017（平成29）年2月末時点で独自に作成した無料低額診療施設一覧が掲載されています。この一覧を見ると、最も多いのは北海道の64か所です。大阪府63か所、東京都と京都府に各54か所、兵庫県50か所、神奈川県45か所と、大都市に多い状況です。一方、秋田県は1か所、高知県2か所、徳島県3か所と地域差が大きいことがわかります。

無料低額診療施設は年々増加していますので、地域のどの医療機関が診療施設か、各自治体のホームページ等で提供されている情報を確認しておきましょう。また、診療施設は存在しても、遠方だったり、受診を希望する診療科がなかったりする場合もあります。そのため、経済的な不安がある人の受診継続に関しては、国民健康保険料の一部負担金減免制度（実施状況は自治体によって異なります）をはじめとする他の制度の活用も併せて検討していく必要があります。

9 税金

Q46 医療費控除の対象

通院や入院には、診察代だけでなく薬代や交通費などもかかり、経済的な負担が大きいと思います。「医療費控除」の対象となる医療費には、どこまでが含まれるのですか？

A46

「医療費控除」の対象となる医療費には、医療機関に支払う費用以外のものも幅広く含まれます。下記はその一例です。これらを具体的にあげて、情報提供を行うとよいでしょう。

	内容（一部のみ）	補足説明
1	医師又は歯科医師による診療又は治療の費用	健康診断の費用、医師等への謝礼金などは原則対象外。
2	治療又は療養に必要な医薬品の購入費	風邪薬などは含む。病気の予防や健康増進のための医薬品は対象外。
3	病院、診療所、介護保険施設への入院・入所費	入院中の食事代は含む。身の回り品の購入費、差額ベッド料は対象外。
4	保健師、看護師、准看護師又は特に依頼した人による療養上の世話の費用	家政婦に依頼した療養上の世話の費用は含む。家族や親類縁者による付添いに費用を支払った場合は対象外。
5	介護保険制度のもとで提供された一定の施設・居宅サービスの自己負担額	通所リハビリテーション等のために施設へ通う際の交通費は対象（施設が発行する領収書に、控除対象となる医療費の記載あり）。

6	通院費、医師等の送迎費、入院の際の部屋代や食事代の費用	自家用車のガソリン代や駐車場の料金等は対象外。通院費で領収書がない場合、通院した日を確認できる診察券等や、金額を記録した家計簿等での説明も可。
7	傷病によりおおむね6か月以上寝たきりで医師の治療を受けている場合のおむつ代	医師が発行した「おむつ使用証明書」が必要。

★ 知っておきたい＋αの知識：「セルフメディケーション税制」

　平成29年1月1日から、セルフメディケーション税制（医療費控除の特例）が導入されています。これは、健康の保持増進及び疾病の予防への取組として一定の取組（例：定期健康診断など）を行う個人が、スイッチOTC医薬品（要指導医薬品及び一般用医薬品のうち、医療用から転用された医薬品。かぜ薬、胃腸薬などのうち対象品目一覧に掲載されたもの）を購入した際に、その購入費用について所得控除を受けることができるものです。

　セルフメディケーション税制を適用すると、医療費控除の適用外となることに留意が必要です。

Q47 障害者控除の対象

「障害者控除」の対象はどの範囲ですか？ 例えば、精神科には継続して通院しているが精神障害者保健福祉手帳を取得していない人は対象になりますか？

A47

「障害者控除」の対象者は、次のいずれかに当てはまる人です。下表③のとおり、精神科に通院中でも、精神障害者保健福祉手帳を取得していなければ、「障害者控除」の対象にはなりません。

	障害者控除の対象	「特別障害者」の範囲
①	常に精神上の障害により事理を弁識する能力を欠く状態にある人	同左
②	児童相談所、知的障害者更生相談所、精神保健福祉センター、精神保健指定医の判定により、知的障害者と判定された人	重度の知的障害者と判定された人
③	精神保健及び精神障害者福祉に関する法律の規定により精神障害者保健福祉手帳の交付を受けている人	障害等級が1級と記載されている人
④	身体障害者福祉法の規定により交付を受けた身体障害者手帳に、身体上の障害がある人として記載されている人	障害の程度が1級又は2級と記載されている人
⑤	精神又は身体に障害のある年齢が満65歳以上の人で、その障害の程度が①、②又は④に掲げる人に準ずるものとして市町村長等や福祉事務所長の認定を受けている人	特別障害者に準ずるものとして市町村長等や福祉事務所長の認定を受けている人
⑥	戦傷病者特別援護法の規定により戦傷病者手帳の交付を受けている人	障害の程度が恩給法に定める特別項症から第3項症までの人
⑦	原子爆弾被爆者に対する援護に関する法律の規定により厚生労働大臣の認定を受けている人	同左
⑧	その年の12月31日の現況で引き続き6か月以上にわたって身体の障害により寝たきりの状態で、複雑な介護を必要とする人	同左

10 | 生活福祉資金

Q48 生活福祉資金を含む支援策

就労していた精神障害のある人から、失業により住居を失い、経済的にも困窮していると相談を受けました。どのような支援策がありますか？

A48

失業したとき、雇用保険に未加入だったり、雇用保険による給付だけでは生活できない場合があります。そのため、生活保護の前段階で機能する第2のセーフティネットの構築が図られています。その特徴は、経済的支援に加え、生活（住まいの確保を含む）と就労に関する継続的な相談支援を併せて行うことです。

失業によって住居を失ったり、雇用保険受給資格がなく（または受給を終了して）就職活動中の生活費に困っている人に対する支援策は図のとおりです。

①雇用保険(64頁。窓口：ハローワーク)
②臨時特例つなぎ資金貸付(窓口：市区町村社会福祉協議会)
　　離職者を支援する公的給付制度（雇用保険の基本手当(64頁)など）又は公的貸付制度（総合支援資金貸付(82頁)など）を申請中で住居がない離職者に、資金を受け取るまでの当面の生活費を貸付けます。貸付上限額は10万円、連帯保証人不要、無利子です。
③住居確保給付金支給(窓口：市区町村の担当課)
　　生活困窮者自立支援制度(84頁)の一環で、居住確保支援を行う制度です。離職後2年以内かつ65歳未満で、現在住居がないか住居を失うおそれがある人に対し、就職活動を支えるため、有期（原則3か月間、最長9か月まで）で家賃費用を支給します。
④総合支援資金貸付(82頁。窓口：市区町村社会福祉協議会)
　　原則として、生活困窮者自立支援制度に基づく包括的な相談支援を利用することが貸付要件となります。
⑤求職者支援制度(窓口：ハローワーク)
　　雇用保険を受給できない求職者に対し、職業訓練によるスキルアップを通して早期の就職を支援する制度です。
⑥生活保護(38頁。窓口：市区町村の担当課)

<失業し、生活費に困っている人への支援策>

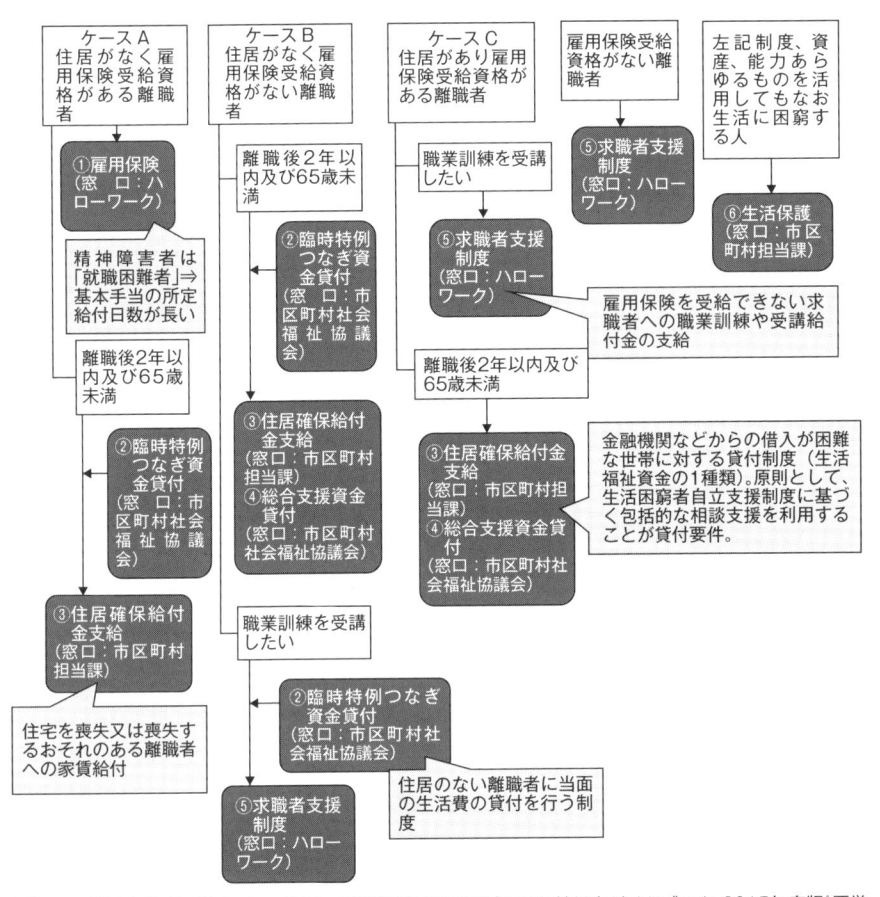

ケースA：住居がなく雇用保険受給資格がある離職者
- ①雇用保険（窓口：ハローワーク）
  - 精神障害者は「就職困難者」⇒基本手当の所定給付日数が長い
- 離職後2年以内及び65歳未満
- ②臨時特例つなぎ資金貸付（窓口：市区町村社会福祉協議会）
- ③住居確保給付金支給（窓口：市区町村担当課）
  - 住宅を喪失又は喪失するおそれのある離職者への家賃給付

ケースB：住居がなく雇用保険受給資格がない離職者
- 離職後2年以内及び65歳未満
- ②臨時特例つなぎ資金貸付（窓口：市区町村社会福祉協議会）
- ③住居確保給付金支給（窓口：市区町村担当課）
- ④総合支援資金貸付（窓口：市区町村社会福祉協議会）
- 職業訓練を受講したい
- ②臨時特例つなぎ資金貸付（窓口：市区町村社会福祉協議会）
  - 住居のない離職者に当面の生活費の貸付を行う制度
- ⑤求職者支援制度（窓口：ハローワーク）

ケースC：住居があり雇用保険受給資格がある離職者
- 職業訓練を受講したい
- ⑤求職者支援制度（窓口：ハローワーク）
- 離職後2年以内及び65歳未満
- ③住居確保給付金支給（窓口：市区町村担当課）
- ④総合支援資金貸付（窓口：市区町村社会福祉協議会）

雇用保険受給資格がない離職者
- ⑤求職者支援制度（窓口：ハローワーク）
  - 雇用保険を受給できない求職者への職業訓練や受講給付金の支給
- 金融機関などからの借入が困難な世帯に対する貸付制度（生活福祉資金の1種類）。原則として、生活困窮者自立支援制度に基づく包括的な相談支援を利用することが貸付要件。

左記制度、資産、能力あらゆるものを活用してもなお生活に困窮する人
- ⑥生活保護（窓口：市区町村担当課）

出典：NPO法人日本医療ソーシャルワーク研究会編（2015）『医療福祉総合ガイドブック 2015年度版』医学書院、116頁の図を筆者が改変

11 障害者総合支援法と介護保険制度

Q49 65歳からのサービス利用

障害福祉サービスを利用している人が、65歳になると介護保険に基づくサービスの利用が優先されるのは、なぜですか？

A49

社会保障制度間には優先順位があります。税金を財源とする社会福祉制度よりも、保険料が主たる財源（税金も加わる）である社会保険制度のほうが、優先順位が高くなります。そのため、介護保険の対象となる65歳以上もしくは40歳以上65歳未満で特定疾病に該当する人は、障害者総合支援法に基づく障害福祉サービスよりも、介護保険法に基づく介護サービスの利用が優先されます。

介護保険サービスの訪問介護と障害福祉サービスの居宅介護はどちらもホームヘルプサービスなので、介護保険サービスの訪問介護を優先的に使います。介護保険サービスの利用にあたっては要支援・要介護認定を受けて、介護支援専門員が作成したケアプランに基づいてサービスを利用します。介護保険支給限度基準額内で必要なサービス量が満たせない場合は、まず要介護度の変更を検討します。障害福祉サービスの居宅介護等が利用できるのは、要介護度の変更が見込めない人（要介護5を含む）で介護保険の訪問介護等を支給限度基準額まで利用し、なお障害固有のニーズに基づくサービスが特に必要と認められる場合に限られます。

介護保険制度は、要支援・要介護認定の申請後、認定結果が出るまでの期間もサービスが利用でき、認定の効力は申請日から発生します。障害福祉サービスは市区町村への申請後、障害支援区分認定後に支給決定となり、申請日まで遡ってサービス利用はできません。

介護保険の対象者でも、サービス内容や機能から、介護保険サービスには該当するものがない障害福祉サービス固有のサービスと認められるもの（例：行動援護、自立訓練（生活訓練）、就労移行支援、就労継続支援）については利用できます。

詳しくは、市区町村の障害福祉担当課に相談してください。

Q50 年金・生活保護と介護保険の費用

年金や生活保護を受給している人が介護保険のサービスを利用する際、保険料や利用料はどのようになるのですか？

A50

障害年金・老齢年金受給者も、生活保護受給者も、介護が必要な状況になって要支援・要介護認定を受ければ、介護保険制度に基づくサービスを利用できます。介護保険料と介護サービス利用時の自己負担は年齢や生活保護受給の有無により異なっており、表のように整理できます。なお、ケアプラン作成にかかる費用については、利用者負担はありません（介護保険被保険者分は全額介護保険から、40～64歳の生活保護受給者分は全額生活保護費から支払われます）。

区分(年齢)	介護保険料	介護サービス利用時の自己負担
第1号被保険者（65歳以上の人）	公的年金から天引き。年金が年額18万円未満の場合は納付書か口座振替で納入。	1割（一定の所得がある人は2割）
第1号被保険者のうち、生活保護受給者	生活保護の生活扶助（介護保険料の実費加算あり）から支払う（＊1）。	支払いの必要なし（＊2）
第2号被保険者（40～64歳の医療保険加入者）	給料から医療保険料と合わせて天引き。国民健康保険加入者は介護保険料分を合わせた保険料を納入。	1割（＊3）
40～64歳の生活保護受給者	なし（介護保険の被保険者でないため）	自己負担なし（＊4）

＊1：多くの市区町村が、生活保護費から天引きします。
＊2：1割の自己負担分は、生活保護の介護扶助で対応します。
＊3：介護サービスを利用できるのは、加齢に伴って生じる特定疾病が原因の要介護・要支援状態の場合のみです。
＊4：生活保護の介護扶助として、介護サービスを受けることができます。

第4章 経済的支援を通して変化し成長を遂げる支援者

第❹章 ▷ 経済的支援を通して変化し成長を遂げる支援者

●支援者のプロフィール　　　　*個人及び施設等の名称はすべて仮名です。

👤 西　圭子（女性・31歳）

　西さんは、大学の経済学部を卒業して、大手の医療機器メーカーの営業職に4年間従事していた。だが、同期入社した数名の同僚が精神的課題に直面したことに問題意識をもったことがきっかけとなって退職し、大学の社会福祉学部へ編入学をした。大学卒業とともに、精神保健福祉士と社会福祉士の資格を取得し、その後、大半は精神障害者が利用する「ピエル」で、生活支援員として勤務し始めて3年目になる。また、最近、経済的支援を行う機会も増えるようになってきている。

●事例に登場する主な人や関係施設等

🏠 就労継続支援Ｂ型事業所「ピエル」

　2006（平成18）年に、障害者自立支援法が施行されたときから開設している事業所で、喫茶部門、クッキー製造部門等があり、1日平均15名の通所がある。

👤 松井　清（男性・53歳）

　ピエルに、約2年間通所する利用者。言葉数は少ないが、温和な性格で、多くの利用者から慕われている。

👤 新庄　明（男性・32歳）

　ピエルに、約1年間通所している。通所は不定期であり、気まぐれな人という評価を周囲から受けている。

新庄光子(女性・57歳)
新庄明さんの母親。地方公務員で、地域家族会にも加入している。

竹下良枝(女性・52歳)
「よすが精神科病院」に勤務して、30年になるベテラン精神保健福祉士。専門性が高く、包容力があることから、誰からも信頼されている。西さんにとっては、スーパーバイザー的な存在である。

セルフヘルプ・グループ「希望丸」
2000(平成12)年に結成された精神障害のある人のグループで、月に2回、定例会が開かれている。登録メンバーは約25名だが、常時参加するのは10名前後である。以下が、中心的なメンバー。

- 平田　寛(男性・51歳)
- 船越太郎(男性・43歳)
- 高橋里子(女性・37歳)
- 福原美恵(女性・41歳)

田中　実(男性・72歳)
「田中内科医院」の院長を務める内科医師。街のかかりつけ医として、先代の父から診療所を引き継いでいる。

鈴木みつ(女性・58歳)
「鈴木メンタルクリニック」の院長を務める精神科医師。丁寧な診療と、謙虚な人柄で人気の高い医師である。

山田信雄(男性・39歳)
「鈴木メンタルクリニック」の精神保健福祉士。制度に詳しいこととネットワークの広さが評判。

1. 障害年金受給支援へのかかわり

　西さんは、母親と2人で暮らしている松井さんが、家賃を除き、毎月5万円弱の母親の年金で暮らしている実態を聞かされた。そこで、通院先のよすが精神科病院のベテラン精神保健福祉士の竹下さんと連絡を取り合い、松井さんと一緒に何度か病院へ同行した。そして、竹下さんが松井さんや母親、主治医に丁寧な説明をしながら障害年金の受給支援をしたこともあり、松井さんは、障害基礎年金2級を受給することができた。その結果、表情が明るくなり、これまで、ピエルでの昼食時に、ひっそりと家でつくったおにぎりを食べていた松井さんは、みんなと一緒に食事ができるようになった。この松井さんへのかかわりを通して、西さんは経済的支援の大切さを実感していた。松井さんへのかかわりが縁となり、その後、ピエルの利用者へのかかわりについて困ったことがあると、西さんは竹下さんに相談をするようになった。

　このようなとき、週に1回ほど、ピエルに通う新庄さんが、西さんのもとに障害年金の相談に訪れた。

西：新庄さん、久しぶりですね。今日は、相談があると電話でお聞きしておりましたが。

新庄：松井さんから、障害年金を受給したことを聞いたんです。僕も、障害年金を

もらえるかな？、と思って。
西：いえ、必ずしも、そのようには……。障害年金には、受給するための要件がありますから。

西さんの心の声

びっくりした。新庄さんは両親が公務員で、大きな持家に住んでいて、特に生活に困っているわけじゃないと他の職員から聞いたことがある。また、まだ若いのに、障害年金を受給したら、働く意欲が減退すると思うし……。所得保障って、経済的に困っている人がもらうものだと思っているんだけど、違うのかな？

2. 何をもって経済的に困っているといえるのか

　西さんは、竹下さんに相談した。新庄さんに対する障害年金の受給支援について、自分がジレンマに陥っている思いを正直に吐露した。すると、竹下さんは、特に否定をすることなくしっかりと受け止めた後、共感的な態度を示しながら、1つの提案をしてくれた。それは、竹下さんが賛助会員になっているセルフヘルプ・グループ「希望丸」に、西さんがオブザーバーとして参加してはどうか、というものだった。希望丸では、障害年金を受給しながら地域で暮らす多くの精神障害者が、「ごく当たり前に暮らすには」というテーマで、フリートークが活発に行われていることを、西さんはかねてより知っていた。そこで、西さんは竹下さんに、「ぜひ、頼んでいただけますか？」と依頼し、受け入れてもらえることになった。
　事前に竹下さんが、希望丸の会長の平田さんに連絡をしていたこともあって、当日は、障害年金を話題にしたトークが行われた。

平田：今日は、竹下さんからの紹介で、スペシャルゲストの西さんが来ています。障害年金のことについて知りたいそうで、もし、みんながよかったら、途中で、西さんから質問してもらってもいいかな？
参加者：いいよ。
船越：僕は、障害厚生年金2級を3年前からもらっていて、2か月で20万円ちょっ

とかな。家族と同居していて、家の米を僕が年金から買うようになってから2年になるような気がする。それと、光熱費に3万円、思い切って3か月前から家に入れているよ。

平田：え、船越君、そうなんや。やるなあ。

船越：いえいえ。でも、米を買うようになって、自分の役割が家の中にあると思うと、急に居心地がよくなって。

高橋：私の家は、みんなよく知っているように、スーパーマーケットを経営しているでしょ。だから、周りから、私はいつもお金が自由になるようにみられているの。でも、実際は、月に1万円の小遣いを、父親の前で正座させられ「早く病気を治すように」と説教されながら、もらっていたのよね。それが、本当に苦痛で……。

福原：えーっ、そんなことを。私なら、切れているわ。そうよね、この病気は周りからみたら、さぼっているようにみえるからね。でも、実際は頑張りたいけど、意欲が湧かなかったり、緊張して眠れなかったりして、仕事ができそうでできないのよね。ところで、高橋さんは、障害年金を結局もらうことにしたの？

高橋：そうなの。精神保健福祉士の竹下さんが、家に訪問してくれて。そのとき、私が小遣いをもらうことに気を遣っていることや、障害年金は、私が個人として受給できる権利に基づくもの、ということを両親に丁寧に伝えてくれたのよね。それが、大きかったわ。

平田：あの厳格なお父さん、竹下さんに激怒しなかった？

| 第❶章 | 第❷章 | 第❸章 | 第❹章 |

高橋：ぜんぜん（笑）。竹下さんは、最初に、両親が私のことを思って、これまで愛情をもって接してくれたことを、まず、しっかり労（ねぎら）ってくれていたからね。そのうえで、最後に、嫌味なく優しく言ってくれたのよ。格好よかったな。

船越：さすが、竹下さん。そうなんだよね。家族は、よかれと思って、いろいろとかかわってくれているんだもんね。それと、僕の場合、障害年金をもらう前は、生活のためと思って、フルタイム労働に無理して頑張っては、体調を崩していたんだよね。それが、障害年金をもらうようになると、自分の状態に合わせた働き方ができるようになったことが大きかったね。足らない分を働く、という感じかな。

高橋：私も障害年金をもらい始めて、通帳を自分で管理しているから、堅実な暮らしぶりになったわ。両親からも、浪費がなくなったってほめられるのよね。それと、障害年金が通帳に入金されるたびに、自分の障害に対して、国がお金を出してくれてると思うと、障害の部分は、割り切って国に頼って、プラスアルファ部分を体調と相談しながらアルバイトをしようと思えるようになったわ。

平田：そうだよね。病気や障害によって収入が十分に得られない部分を、障害年金によって、一定額が得られると大きいよね。でも、悲しいかな、周囲からは、「どこが障害？」って、言われる。きっと、西さんは不思議に思うかもわからないけど、こんなに元気そうにみえる僕でも、大体、月に1回ぐらい、とにかく気力が出なくって、食べられなくなる。だから、先月も、ホームヘルパーさんが来てくれたときは、神様にみえたね（笑）。あ、そうだった。西さん、質問は？

西：十分です。よくわかりました。みなさんから、本当に多くのことを学ばせていただきました。

♥ 西さんの心の声

　平静を装うのが精一杯。本当に恥ずかしい。世帯でみたら裕福にみえる人でも、その人の自由になるお金がないと、そりゃつらいと思う。それと、障害年金によって、就労意欲が減退するかも、と思ったけど、逆に、障害年金が基礎的収入として保障されるからこそ、自分に合った働き方ができる。そう考えたら、精神障害をもつようになった人は、障害年金の受給を通して、障害受容につながるかもしれない。それと、平田さんの「食べられなくなる」という話を聞くまで、本当に、自分は精神

障害のある人の生活のしづらさがわかっていなかった。精神障害者は、障害による波が訪れることを心配しながら、暮らしていることになる。それって、自分なら怖くて、不安で仕方がないと思う。でも、希望丸の人たちは前向きだなあ。本当に今日は、いろいろと教えられた。

3. 日常生活場面における生活のしづらさとは何だろうか

　西さんは、希望丸で、メンバーたちから貴重な話を聞いて、目から鱗(うろこ)が落ちる思いであったことを、竹下さんに報告したかった。同時に、竹下さんがセルフヘルプ・グループの意義を自分に伝えたかったんだろう、ということもわかった。西さんは、興奮しながらも、竹下さんがいる相談室を訪ねた。

西：私は、今まで専門職は精神障害のある人に何らかの支援を提供してあげる人と思っていたかもしれません。どこか、上から目線だったんですよね。でも、間違いなく、私は希望丸の方々から、多くのことを学んだんです。
竹下：そう思えた西さんは、いいセンスをしていると思うよ。そうそう、それと今日はいいものがあるのよ。一緒に苺大福(いちごだいふく)を食べましょ。
西：いただきます(笑)。それと、今、思ったことがあります。それは、今回は自分が教えられましたけど、仮に、障害受容の葛藤(かっとう)から障害年金の受給に躊躇(ちゅうちょ)してい

る人がいるとしたら、その人たちは、セルフヘルプ・グループに参加することによって、力をもらえるんじゃないかなと。少なくとも、私たちのような支援者が、百回障害年金の意義を語るより、希望丸の人たちと交流するほうが「障害年金を受給したい」と思えるんじゃないでしょうか。

竹下：いやー、すばらしい。西さんは、私が見込んだ人だけのことがあるわ（笑）。

西：からかわないでくださいよ（笑）。

竹下：真面目に言っているのよ。精神障害とは、どのような生活のしづらさがあり、そのことに対して、彼らはどのようなプロセスを経て、今に至っているかを考えられる支援者に、西さんにはなってほしいのよね。それと、障害年金は、権利性に基づくもので、絶対に、支援者の価値観等で、支援内容を制限したり、差をつけることだけはあってはいけないと思うの。

西：はい。

竹下：とにかく、精神障害のある人や家族の暮らしに耳を傾けて、まずは、話を聴き、そのうえで、実務的な説明をすることが大切ね。

西：ぜひ、そのようにします。苺大福、本当に美味しかったです。ごちそうさまでした。

♥ 西さんの心の声

　気持ちが楽になった。それにしても、竹下さんと話をすると、力がもらえる。そうだよね。もしかしたら、新庄さんは、これまでいろいろな紆余曲折があって、今、ピエルに来ているのかもしれない。彼の歴史や想いに、自分は目を向けていなかった。仮に、新庄さんが、精神障害を負わなければ、今頃月収が40万円ぐらいはあったかもしれない。親とも同居していないかも。さあ、これからは当たり前の権利としての障害年金の受給支援をしよう。

4. 精神障害者の歩みや日常生活を知ることにより
　伝わってくること

　西さんは、あらためて新庄さんと障害年金について面談日を設定した。西さんは、竹下さんや、希望丸のメンバーと話をしていなければ、新庄さんに対して、「働き

もせず、年金に頼ろうとして」という、ネガティブな感情を抱いたなかでの面談になっていたと思うと、ぞっとした。でも、今は違う。正に、ストレングスモデル（強さや長所に価値を見出そうとする支援）として、新庄さんのこれまでの歩みをサポーティブに捉えようとしている自分自身の変化に、西さんが一番驚いている。

　そして、暮らしの実際について、多くの視点から話を聞きたいと思い、家族にも一緒に来てほしいと新庄さんに伝えた。ところが、新庄さんは意外にも、「いや、母親は忙しいので……」と、そっけなかった。その反応に戸惑いながらも、西さんは、「よければでいいのですが、自宅での新庄さんの暮らしや、これまでの歴史について、ご家族の客観的な意見も聴けるといいと思いましたので。また、何よりも、大事な手続きですので、ご家族に、協力をいただきたいことだけでも、一度きちんとお伝えしたいのです」と話した。それでも、新庄さんは気が乗らない様子だった。しかし、面談日の当日、新庄さんの母親が一緒に来ていた。

西：新庄さん、お母さん、おふたりとも、よく来てくださいましたね。
新庄明：えー、母親がぜひ、と言うもんですから。
新庄光子：初めまして。いつも、明がお世話になっております。息子から、ここ（ピエル）でのことはよく聞いています。
西：お母さんと、今日はお会いできて本当によかったです。
新庄光子：この人、家では、夜に眠れなくて、昼間に寝ていることが多いんです。

でも、前の日にしっかりと眠ることができ、調子がいいときに、こちらに来るんです。だから、調子がいいときには家にいないので、私は、いつもつらそうな息子しか知らないんです。

新庄明：そんなこと言ったら、西さんが驚くでしょ。

西：そうだったんですか……。

新庄光子：それと、本当に、父親が厳しい人でして。これまでも、何度も薬を止めさせては状態を悪くさせたり、強引に仕事に行かせたりしたんです。なので、本人は父親の声を聞くだけで、怖がるんです。でも、その父親も、やっと本人の病気のことがわかってきたみたいで、最近は、口うるさく言わないようになってきました。

西：知りませんでした……。

新庄光子：また、私は家族会で障害年金のことを聞いていて、ずっと前から息子に勧めていたんですけど、「僕を障害者にするつもりか！」と言うもんですから。

新庄明：お母さん、余計なこと言わないで。

西：そうなんですか。私は、新庄さんが、これまでに障害受容の葛藤で悩んでいたとは、本当に知りませんでした。でも新庄さん、なぜ今回、急に障害年金を申請しようと思ったんですか？

新庄明：やっぱり、松井さんが障害年金を受給したことですね。松井さんって、本当にいい人でしょ。会うと、「新庄君、無理するなよ」とか、「世間体ばっかり気にするんじゃなくて、自分らしく生きたらいいんやで」とか、いつも、声をかけてくれるんです。僕が、会社で仕事をしていたときに出会った誰よりも、人間味があるんですよ。そんな松井さんから、障害年金を受給した話を聞いたんですよ。

西：おふたりで、そんな話をされていたんですね。

新庄明：えー、そうです。でも、難しい話は全然していないんですよ。ただ、一言ね。

西：一言……。

新庄明：はい。松井さんが、「お母ちゃんと15年ぶりに、握り寿司を食った」ってね。「贅沢だけど」と言っていましたが、コンビニでお寿司を買ってきたそうです。そのことを話してくれた松井さんの顔が、すっごい、今までで一番優しい顔をしていたんですよ。

西：すっごく、想像できます。

新庄明：あの顔を見たら、吹っ切れたんです。自分は、悪いことをしているわけじゃない。好きで、障害者になったわけでもないし、ってね。

♥西さんの心の声

　とにかく、驚いている。いつもふらっと訪れ、たばこを吸っている新庄さんのことは、これまではどちらかというと、「自由気ままな人」のような、マイナスの捉え方を私自身がしていた。働くことに取り組もうともせず、おまけに、障害年金に頼ろうとする後ろ向きな人のような評価を私が下していた。でも、彼がここにたまにしか来ないのは、不眠のことが原因だったとは……。また、父親との関係で、家に居づらいことも知らなかった。自分は、本当に利用者の暮らしがみえていなかった。また、障害年金のことを、以前から知っていたけど、障害受容の葛藤から拒否していたことなど、想像もできなかった。それと、新庄さんから聞いた、松井さんが年老いたお母さんと食べた握り寿司の話は、想像すると、私自身、胸がいっぱいになった。

5. 経済的支援としての実務的な取組み内容

　西さんは、新庄さんと母親から、家庭での様子を聞くにつれ、家での暮らしぶりを理解することは意義深いと思った。この思いを、西さんは、素直に新庄さんとの面談場面で伝えた。そのうえで、障害年金の具体的な話を始めることにした。まず、障害年金とは何か、から始め、その後、障害年金の受給要件として、「3分の2要件」、「初診日前1年要件」、「20歳前障害」（**34頁参照**)について説明する一方で、これまでの病歴について聞くことにした。そして、精神科の初診日を尋ねると、大学3年生のときであることがわかった。正確には、大学3年の10月25日だった。この場合、障害年金の保険料納付要件では、初診日の前日（10月24日）において、前々月（8月）までの被保険者期間中に、3分の2以上保険料を納付、免除、納付猶予の特例等の手続きをしていることが求められる。大学2年の7月に誕生日を迎え、20歳になった新庄さんは、大学2年の7月から大学3年の8月までの14か月が対象月になること

から、5か月以上の未納の月があれば、「3分の2要件」を満たさないことになってしまうのである。

西：新庄さんは学生時代、国民年金の保険料を支払うか、あるいは、「学生納付特例」の手続きをしていましたか？
新庄明：わからないです。お母さん、どうだった？
新庄光子：えー。確か、免除をしたか、保険料を納めたか、どちらかです。
西：では、その手続きを含めて、市役所の年金係で、これまでの新庄さんの国民年金の加入歴をご確認いただき、プリントアウトしたものを今度持ってきていただけますか。

——3日後——
新庄光子：大学3年のときは、国民年金の保険料を払っていたことがわかりました。
西：よかった。
新庄光子：家で、日記を見たんです。そしたらあのとき、明の受診のことなどで家族みんなが、疲れ切っていて。市役所に手続きに行ったのは、大学4年の初夏でした。ところが、「遡(さかのぼ)っては学生納付特例の手続きができない」、と窓口で言われたんです。でも、未納はいけないと思って、約2年分の保険料は、一括してそのときに支払ったんです。問題ないですよね。
西：えーと。お母さん、実は、保険料の納付要件には、「初診日の前日において」というふうに書かれているんです。つまり、大学3年の10月24日時点で、保険料の納付、免除、あるいは納付特例の手続きがなされていないと、認められないんです。
新庄光子：そうですか。他に、本人が障害年金を受給できる可能性はないんでしょうか。というのは、実際には、大学入学直後から、不思議なことを言っては、よく主人に怒られていましたから。
新庄明：お母さん、あれは幻聴やで。でも、あのころは、「進め、進め」という声が、たまに聞こえてきて、そのたびに「オイッチニ」と。でも、父さんが怒るんで、夜でも、外へ出て歩くようにしていたなあ。
新庄光子：そうだったの。なんで、冬の寒いときに、夜中急に外へ出ていたか、そ

の理由がやっとわかったわ。つらかったね。
新庄明：んー。
西：そうなんですね。それと、最初にお2人と会ったときにも、不眠のことを言われていましたよね。幻聴や不眠のことで、精神科に行く前に、どこかの医療機関へ行ったことはなかったですか？
新庄明：田中先生のとこに、何度か行ってたよ。子どもの頃から、何かあったらいつも田中先生なんで。
新庄光子：近くの内科医院です。そういえば確か、田中先生から、何度か精神科に行くように勧められたこともあります。でも、この人が、「行きたくない」って。
西：何歳ぐらいのときですか？
新庄明：大学に入って、すぐに行ったんで、18歳かな。
西：だとすると、田中先生から、「初診時証明書」（**96頁**参照）をいただいて、今の病気とのつながりが認められたら、「20歳前障害」として、障害年金の受給要件が満たされる可能性はありますね。

♥西さんの心の声

　以前、竹下さんから、「精神障害者や家族は、発病の混乱で、国民年金の保険料まで気がまわらずに納めるのを忘れてしまうことがある」と聞いたことがあった。こんなにしっかりしている新庄さんのお母さんでさえ、そうなるのか。以前、自分が営業の仕事をしているとき、『学生無年金障害者訴訟』（**198頁**参照）のことを新聞で見たことがある。任意加入の手続きをしていなかったり、保険料を納めていなかったりするのは、障害者や家族の自己責任だと思っていた。でも、そうとは限らないことがわかった。また、新庄さんは内科医院にかかっていたけど、新庄さんに限らず、精神科に辿り着くまでには、気持ちの面を含め、時間がかかるし、葛藤もあるだろうな。新庄さんの場合は、これで、「初診時証明書」が取れれば、いいけど。そう考えると、同じような状況にありながらも、20歳前に医療機関に全くかからずに、障害年金が受給できない人はたくさんいるような気がする。また、私は、事前に竹下さんから、「初診日とは、必ずしも精神科でなくても認められることがある」と教えてもらっていたのでよかった。でも、支援者につながっていない人で、これ

らのことを知らずに、精神科の初診日がないからといって、障害年金の申請をあきらめる人もいるだろうな。そう思うと、専門職のかかわりは大切だと身に染みて感じる。

6. 精神障害者の日常生活の困難さを可視化する

　次に、障害年金の受給要件である「障害等級要件」についても、西さんは、新庄さんと母親へ説明した。また、「遡及請求」や、「事後重症請求」のことについても丁寧に話をした（**100**頁参照）。その際、障害年金の診断書は、主治医が作成することになるので、本人や家族から日常生活の様子をきちんと伝える必要があると、特に強調した。また、診断書に医師がどのようなことを記載するかがわかるように、西さんがもっている障害年金の診断書の様式（**202**頁参照）を2人に見せた。診断書の裏面を見た明さんは、「2　日常生活能力判定」の欄に掲載されている「(1)適切な食事」、「(2)身辺の清潔保持」、「(3)金銭管理と買い物」の項目を見て、「僕は全部、問題なくできますから、すべて『できる』になりますね。これでも、障害年金って認められるんですかね」と聞いた。実は、このことについては、西さん自身も、以前から疑問を抱いている部分であった。そこで、これらのことは、曖昧にせず、「いつも相談している先輩の精神保健福祉士の竹下さんに一度聞いてみます」と伝えた。

西：すみません、いつもお忙しいときに。
竹下：あれからどうなったのか、気になっていたのよ。
西：はい、いろいろと家庭での様子やこれまでの歴史を本人や家族から聴くと、本当に教えられることばかりで。私は、利用者の方に対して、目の前のちっぽけな部分にしか目を向けていなかったことが本当にわかりました。まだまだですね。
竹下：そんなことないわ。謙虚に、自分を振り返ることによって、支援者は成長できるのよ。
西：はい。
竹下：それはそうと。今日も、きっと何か聞きたいことがあって来たんでしょ。
西：はい。実は、私自身も以前から気になっていたことですが、障害年金は、基本

的に主治医の先生が書かれた診断書を元に障害認定の審査がなされますよね。

竹下：そうなるわね。

西：その際、診断書の裏面の「2　日常生活能力の判定」のところに、食事や清潔保持の欄がありますよね。でも、今回私が支援している方は、食事もきちんとできますし、いつも清潔感のある服装で、事業所に通ってこられます。そう考えたら、すべて「できる」になると思うんです。

竹下：そうか。西さんは、疑問をもったのよね。これは、とっても大事なことね。実は、偶然昨日、うちの病院の若手の先生(医師)から、全く同じ質問を受けたところなのよ。

西：え、そうなんですか？

竹下：西さん、その『日常生活能力の判定』の見出しの下に、小さい字で、括弧書きで、「判断にあたっては、単身で生活するとしたら可能かどうかで判断してください」って、書いてあるの、わかる？

西：本当ですね。書いてありますね。

竹下：それと、もう1つ。障害年金は、基本的に一時的な状態というより、向こう1年間をみてどうか、のような考え方をするのよ。精神障害は、波があるでしょ。その波の底の状態についても考えることになるの。

西：そうなんですね。

竹下：だから障害状態の波が大きく揺れてしまい、気分が沈み、布団から出られないようになったとき、仮に、家族と同居していなくて、単身生活をしているとしたらどうかしら？

西：なるほど。先日、希望丸に行ったとき、ある方が、月に1回ぐらい、意欲が出なくなって、食事ができないときがあるって言っていました。正に、このことですね。

竹下：そう。そこに、目を向けられることが大事なのよね。

♥西さんの心の声

　納得。でも、ちょっと待てよ。どれだけの人が、このことを理解しているだろうか。仮に、私のように、目の前の精神障害者の姿だけで、食事や清潔保持などを判

断してしまうと、すべてが「できる」になってしまう。怖いな。でも、そういえば、以前、別の利用者が、診察では主治医から褒められたくて、化粧をばっちりして、睡眠をしっかりとってから行くようにしている、って言っていたのを聞いたことがある。それだと、普段の在宅生活での困難な部分が主治医に伝わらないことになるかもしれない。もしかしたら、これらの生活のしづらさを医師に伝えたりするのも、私達支援者の大切な役割かもしれないわ。それと、ふと思ったんだけど、大変な状態だったとしても、人はおおむね、その状況に慣れると思う。そうなると、本人も家族も、「できますよ」みたいなことにならないかな。こんなことをはじめ、生活の様子を主治医の先生に、客観的に伝えられるようになりたいな。まさに、精神障害のある本人や家族と医療をうまくつなぐことが、私達支援者の仕事のような気がする。力をつけるぞ。

7. 障害年金受給による暮らしの変化

　その後、新庄さんは、近隣の内科医院で、初診時証明書をとることができた。そのため、初診日を18歳2か月、障害認定日を20歳（1年6か月後の日が20歳未満であるため）として、障害年金の請求を考えた（**34頁参照**）。そこで、新庄さんの家庭での生活のしづらさについて、克明に記載したものを資料として作成し、通院先の「鈴木メンタルクリニック」の主治医の鈴木先生に渡した。その際、障害年金の診断書を作成するにあたっては、クリニックにいる精神保健福祉士の山田さんに、新庄さんと鈴木先生との間に入ってもらい、話を進めることにした。

　いずれにせよ、新庄さんと母親から話を聞けば聞くほど、驚くような生活実態が次々と明らかになっていった。だが、新庄さんや母親は、その状況に慣れているせいか、淡々と話すことには度肝を抜かれた。例えば、新庄さんは自転車と衝突したり、道路の溝に落ちたり、年に2回程度危険な事故を起こしていた。これらについても、具体的な生活場面でのエピソードとしてまとめ、山田さんを通じて、鈴木先生に伝え、診断書を作成してもらった。

　また、請求方法については、大学卒業後、しばらく会社勤めをしていた時期があったことをはじめ、鈴木先生、山田さん、西さん、そして、新庄さん及び母親とで話

し合い、事後重症請求をすることになった。後に、書類をそろえ、市役所の国民年金係に請求をし、その2か月後、自宅に、障害基礎年金2級の支給決定通知が届いた。さらに、約50日後の8月15日に、新庄さんの通帳には、約13万円が振り込まれた。

新庄明：西さん、いろいろとお世話になりました。無事、障害年金が支給決定され、通帳にお金が振り込まれました。
西：よかったですね。あ、ごめんなさい。よかった、でいいですよね。
新庄明：ええ。5年前なら、障害年金が決定して、国から障害者として認定された、と落ち込んでいたかもしれません。でも、今はおかげで、いい意味ですっきりしています。
西：そうですか。
新庄明：通院先の鈴木先生と山田さんにも、無事障害年金が決定しました、って言いに行きました。
西：それは、いいですね。
新庄明：そしたら、鈴木先生は、「新庄さんの障害年金の診断書の作成を通して、普段の診察場面ではみえない多くのことがわかりました」、と言ってくれました。そして、「医者として、いい勉強になりました」とも。
西：謙虚な先生ですね。だから、人気があるんですね。
新庄明：ええ。その代わり、いつも診察では2時間待ちですけど(笑)。それと、山田さんからは、障害年金は暮らしの目標じゃなく、よりよく暮らすための手段だから、これからが大事ですね、って優しく言ってもらえました。
西：さすが、山田さん。
新庄明：今回、きっかけは、障害年金の請求ですが、このことを通して、いろいろと、これまでを振り返ることができました。実は、田中内科医院の田中先生は72歳でしたけど、僕のことをよく覚えてくれていて、証明書をもらいに行ったときに、コーヒーを出してくれたんですよ。僕が子どものときのことなどを、懐かしそうに話してくれました。
西：そんなことがあったんですね。
新庄明：田中先生に、障害年金を請求して、障害と向き合って暮らしていこうと考

えています、って言ったんですよ。そしたら、「人生は一度きりだから。人や社会に頼るところは頼り、人をねたまず、自分らしく生きなさい」って。涙ぐんでおられました。

西：新庄さん、素敵な先生ですね。

新庄明：本当に。田中内科医院からの帰り、母親と2人で、大泣きでした。

西：これからも、何かあったら、遠慮なく相談してくださいね。

新庄明：ありがとうございます。

♥西さんの心の声

　新庄さん、いい顔していたなあ。山田先輩もいいこと言うなあ。障害年金は目標じゃなく、「手段」か。なるほど。今回、新庄さんが障害年金を請求するにあたって、本当に多くの人がかかわった。間違いなく、新庄さんは、そのなかで多くの人に応援されていることを実感できたと思う。もしかしたら、新庄さんに限らず、人は、こうやって、人と交流することによって、力をもらい、明日に向かって生きていくことにつながるのかもしれない。それと、新庄さんが多くの人に支えられて、障害年金の受給に至ったように、私も、竹下さん、希望丸のメンバーの方々をはじめ、多くの人たちから、支援者として大切なことをたくさん教えてもらえた。竹下さんと一緒に食べた苺大福の味は、一生忘れることができないだろうな。スーパーバイザーの存在は本当に貴重だと思う。それと何よりも、経済的支援のプロセスを通して、新庄さんからは、生活のしづらさや、人が多くの歴史を背負って生きていることを学んだ。今回は、障害年金だったけれども、他にもどんな制度やサービスが存在し、活用できるのかについても、私は今、とても関心をもっている。ぜひ、これからも、謙虚にかつ誠実に、支援者として成長していきたい。

　障害年金の受給後、新庄さんは、ピエルに来る回数が増えました。そして、喫茶部門で働くことを希望するようにもなりました。以前は、病気を克服して働かないといけない、ということを必死になって考えては、決まって精神的なバランスを崩すことが多かったようです。それが、障害年金を自ら管理して、プラスアルファの働き方を検討するようになってからは、いらいらすることが減り、父親との関係も

よくなっているといいます。父親もまた、自分の障害に向き合って生きていこうとしている息子のありのままの今を応援しようと思えるようになったようです。新庄さんと家族の暮らしが、今後どのように変化を遂げていくかはわかりません。でも、障害年金は、新庄さんが等身大の暮らしを実現していくきっかけになったことは間違いないようです。

　この事例では、障害年金を取り上げました。しかし、他の経済保障でも、共通する部分がたくさんあります。それは、経済保障は、精神障害者の、自分自身の状況に応じた等身大の暮らしをサポートするものである、という大前提であるからです。そして、経済保障の利用によって暮らしが安定し、精神障害者は日々の暮らし、さらには、将来の暮らしに、希望が抱けるようになるのではないでしょうか。支援者には、経済保障について詳しくなってもらいたいと思います。ただし、経済保障は決して目的ではありません。生活を豊かにするために、手段としての経済保障を通して、その先にある、精神障害のある人の自己実現に、支援者は目を向けていくことが重要なのです。

COLUMN

当事者が語る、生活保護受給前後の暮らしの変化

　実際に精神障害があることによって、二次的に経済的課題に直面し、その結果、生活保護制度を受給している方々から「物理的変化」と「精神的変化」について聞いたことをご紹介します。

【物理的変化】

　「子どもの給食費が出せるようになった」、「医療にかかりやすくなったので、子宮筋腫に早く気づくことができ、手術が間に合った」、「親身になって生活を考えてくれる福祉事務所のケースワーカーに背中を押され、昔から苦手だった歯科にかかる気になれた」、「ホームヘルパーに来てもらえるようになった」、「世間体からか、両親は自分の障害年金や生活保護受給に反対していた。ところが、私が障害年金と生活保護を受給し、単身で生き生きとセルフヘルプ活動等をしている姿を見て、『お前は元気でおることが仕事や』というように対応が変わり、親子関係がよくなった」。

【精神的変化】

　「経済的な不安から解放されることによって、強迫症状（手を洗わないといけないという想念）が、ピタッとなくなった」、「営業の仕事をしていたとき、成績が上がらないと『死ね』と言われ続け、それが当たり前の社会だと思っていたけど、今は倒れる寸前まで自分を追い込まなくなった」、「精神的な不調の波が来たとしても、以前のように自分だけではなく、人に頼ろうと思えるようになった」。

　そして現在、今回話を聞いた方々は、ピアサポート活動に従事するようになっています。一人の女性は、姉から、「仕事の代わりの活動をしないと、生きていけないよ」と言われたことが大きなきっかけとなったようです。ちなみに、ここでいう「生きていけない」とは、生命レベルではなく、生きがいに近い意味となります。また、一人の男性は、行きづまっても多様性が認められる複線型の暮らし（単線ではなく）の場を社会につくるために、精神保健福祉活動（普及啓発）に取り組んでいます。その彼は、仮に支援者と出会わず、生活保護制度につながっていなかったとすれば、「おそらく今、生きていなかったでしょうね」と、振り返っておられます。

（青木聖久）

用語解説

ICD-10コード(103、153頁)
疾病及び関連保健問題の国際統計分類のことで、死因や疾病の国際的な統計基準として世界保健機関(WHO)によって公表された分類。精神障害の認定等においてその病態を判断する指標として使われている。

学生無年金障害者訴訟(190頁)
平成3年3月以前、昼間部の大学生等は、国民年金制度に任意加入となっていたため、当時加入していたのは1%程度だった。ところが、その間に障害を負った人は障害年金を永久に受給できないことになった。そこで、国の制度的な不備を不服として、平成13年に裁判を起こしたが、原告は敗訴(国の憲法違反は認められず)した。だが、この裁判によって、特別障害給付金制度(32頁参照)の誕生につながった。

国民年金第1号、第3号被保険者(60頁)
国民年金には、3種類の区分がある。自営業・学生・無職の人などが第1号被保険者、会社員・公務員などが第2号被保険者、会社員や公務員に扶養されている配偶者が第3号被保険者とされる。

算定基礎期間(66頁)
基本手当の所定給付日数を決める際に重要な期間で、おおむね勤続年数と同じ長さとなる。

支給停止事由消滅届(110頁)
障害等級に該当しないものとして支給停止されていた人の障害状態が再び悪化して障害等級に該当するようになったときに行う届出。

障害手当金(161頁)
初診日が厚生年金加入中にある傷病で、5年以内に症状が固定して障害等級3級よりも少し軽い障害が残った場合に支給される一時金。

傷病手当(64頁)
雇用保険法に基づき、基本手当の代わりに支給される。求職の申込みをした後に15日以上続いて疾病又は負傷のため職業に就くことができない場合に支給される。健康保険の「傷病手当金」とは異なる。

総合認定(105頁)
複数の部位等に障害があるが、個々に区分して障害状態の評価を行うことができない場合に「全体としてどの程度の障害状態か」という判断をする手法。内科的疾患や精神疾患の障害認定の際に使われることが多い。

特例退職被保険者(53頁)
任意継続被保険者制度とほぼ同趣旨の制度。大企業などでは、任意継続被保険者制度ではなく特例退職被保険者制度の適用となる場合がある。

任意継続被保険者(53頁)
退職後に引き続き健康保険に加入する制度。全国健康保険協会の場合、2年間の加入期間が認められる。手続きは退職日から20日以内。

平均標準報酬額(35頁)
障害厚生年金の額を計算するときに使用するもので、平成15年4月以後に加入した厚生年金の標準報酬月額(賞与額を加味)の平均を算出したもの。

平均標準報酬月額(35頁)
障害厚生年金の額を計算するときに使用するもので、平成15年3月までに加入した厚生年金の標準報酬月額の平均を算出したもの。

併合認定(104頁)
複数の部位等に障害がある場合、それぞれの障害の程度を足算して、最終的な障害の状態を判定する手法。たとえば、肢体2級＋言語2級＝1級(肢体・言語)。

標準報酬月額(54頁)
毎年、4月～6月に支給される給与をもとに決定される社会保険の等級。障害厚生年金の計算や健康保険の傷病手当金の計算の際に使われる。

保護の停止(142頁)
一時的な保護の中断のこと。①臨時的な収入の増加や最低生活費の減少などが生じたとき(おおむね6か月以内)、②安定した定期収入の増加や継続的な最低生活費の減少があり保護が必要なくなったと考えられるがその状態が継続するか不確実で経過観察が必要なとき(若干期間)などに行われる。

保護の廃止(142頁)
保護の中止のこと。再度、生活保護が必要となった場合は新たに申請手続きが必要になる。①安定した定期収入の増加や継続的な最低生活費の減少(例えば世帯の人数が減るなど)したとき、②臨時的な収入の増加や最低生活費の減少だが6か月以上保護を必要としない状態だと認められたとき、などに行われる。

扶養義務者の範囲(126頁)
①配偶者、②直系血族、③兄弟姉妹、④三親等内の親族のうち裁判所の審判を受けて扶養義務者となった者(民法第752条、第877条)。

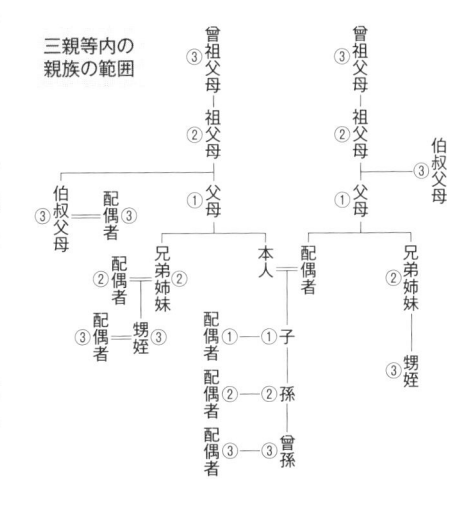

三親等内の親族の範囲

街角の年金相談センター(32頁)
全国社会保険労務士会連合会が、日本年金機構からの委託を受けて実施している機関。年金事務所と同様に年金関係の相談・手続きを行うことができる。37都道府県75か所(オフィス含む)で開設されている(平成26年11月4日時点)。

臨時特例つなぎ資金貸付(82頁)
住居のない離職者であって、生活保護や雇用保険失業等給付などの公的な給付や貸付が開始されるまでの間に生活費のつなぎが必要な人に対して、上限10万円の貸付を行う制度。連帯保証人は不要で貸付利子は無利子。

労災指定病院(61頁)
労災による治療を受けることができる医療機関等のこと。必ずしも「労災病院」という名称が付いているわけではなく、労災の指定を受けている病院かどうかは、各医療機関に確認する。

資料❶ ▷ 受 診 状 況 等 証 明 書

年金等の請求用

障害年金等の請求を行うとき、その障害の原因又は誘因となった傷病で初めて受診した医療機関の初診日を明らかにすることが必要です。そのために使用する証明書です。

受 診 状 況 等 証 明 書

① 氏　　　　名　_____

② 傷　病　名　_____

③ 発 病 年 月 日　昭和・平成　　　年　　　月　　　日

④ 傷病の原因又は誘因　_____

⑤ 発病から初診までの経過

　　前医からの紹介状はありますか。⇒　有　　無　（有の場合はコピーの添付をお願いします。）

　　..
　　..
　　..
　　..

⑥ 初 診 年 月 日　昭和・平成　　　年　　　月　　　日

⑦ 終 診 年 月 日　昭和・平成　　　年　　　月　　　日

⑧ 終診時の転帰　（ 治癒・転医・中止 ）

⑨ 初診から終診までの治療内容及び経過の概要

　　..
　　..
　　..
　　..

⑩ 次の該当する番号（1～4）に○印をつけてください。

　　複数に○をつけた場合は、それぞれに基づく記載内容の範囲がわかるように余白に記載してください。

　　　上記の記載は　1　当時の診療録より記載したものです。
　　　　　　　　　　2　当時の受診受付簿、入院記録より記載したものです。
　　　　　　　　　　3　その他（　　　　　　　　　　）より記載したものです。
　　　　　　　　　　4　昭和・平成　　年　　月　　日の本人の申し立てによるものです。

⑪ 平成　　　年　　　月　　　日

　　医療機関名　_____　　診療担当科名　_____

　　所　在　地　_____　　医師氏名　_____　印

（提出先）日本年金機構　　　　　　　　　　　　　　　　　　　　　　　（裏面もご覧ください。）

資料❷ ▷ 受診状況等証明書が添付できない申立書

年金等の請求用

受診状況等証明書が添付できない申立書

傷　病　名　_____

医　療　機　関　名　_____

医療機関の所在地　_____

受　診　期　間　　昭和・平成　　　年　　月　　日　～　昭和・平成　　　年　　月　　日

上記医療機関の受診状況等証明書が添付できない理由をどのように確認しましたか。
次の＜添付できない理由＞と＜確認方法＞の該当する□に✓をつけ、＜確認年月日＞に確認した日付を記入してください。
その他の□に✓をつけた場合は、具体的な添付できない理由や確認方法も記入してください。

＜添付できない理由＞　　　　　＜確認年月日＞　平成　　　年　　月　　日

　□　カルテ等の診療録が残っていないため
　□　廃業しているため
　□　その他　_____

＜確認方法＞　□　電話　　□　訪問　　□　その他（　　　　　　　　　　　　　　）

上記医療機関の受診状況などが確認できる参考資料をお持ちですか。
お持ちの場合は、次の該当するものすべての□に✓をつけて、そのコピーを添付してください。
お持ちでない場合は、「添付できる参考資料は何もない」の□に✓をつけてください。

□　身体障害者手帳・療育手帳・　精神障害者保健福祉手帳	□　お薬手帳・糖尿病手帳・領収書・診察券　（可能な限り診察日や診療科が分かるもの）
□　身体障害者手帳等の申請時の診断書	□　小学校・中学校等の健康診断の記録や　成績通知表
□　生命保険・損害保険・　労災保険の給付申請時の診断書	□　盲学校・ろう学校の在学証明・卒業証書
□　事業所等の健康診断の記録	□　その他（　　　　　　　　　　　　）
□　母子健康手帳	
□　健康保険の給付記録（レセプトも含む）	□　添付できる参考資料は何もない

上記のとおり相違ないことを申し立てます。

　　平成　　　年　　月　　日

　　請　求　者　　住　所　_____

　　　　　　　　　氏　名　_____　印　　※本人自らが署名する場合
　　　　　　　　　　　　　　　　　　　　　　　　　　　　　　押印は不要です。

　　代筆者氏名　_____　請求者との続柄　_____

（提出先）日本年金機構　　　　　　　　　　　　　　　　（裏面もご覧ください。）

資料 ❸ ▷ 国民年金・厚生年金保険診断書

診 断 書 (精神の障害用)

(精) 国民年金 厚生年金保険

様式第120号の4

| (フリガナ) 氏 名 | | 生年月日 | 昭和 平成 | 年 月 日生 (歳) | 性別 男・女 |

住所 （住所地の郵便番号）　都道府県　郡市区

① 障害の原因となった傷病名　ICD-10コード(　)
② 傷病の発生年月日　昭和・平成　年 月 日　診療録で確認／本人の申立て（年 月 日）　本人の発病時の職業
③ ①のため初めて医師の診断を受けた日　昭和・平成　年 月 日　診療録で確認／本人の申立て（年 月 日）　④ 既存障害
⑥ 傷病が治った（症状が固定した状態を含む。）かどうか。　平成　年 月 日　確認・推定　症状のよくなる見込・・・有・無・不明　⑤ 既往症
⑦ 発病から現在までの病歴及び治療の経過、内容、就学・就労状況等、期間、その他参考となる事項

陳述者の氏名　請求人との続柄　聴取年月日　年 月 日

⑧ 診断書作成医療機関における初診時所見
初診年月日　昭和・平成　年 月

⑨ これまでの発育・養育歴等（出生から発育の状況や教育歴及びこれまでの職歴をできるだけ詳しく記入してください。）
ア 発育・養育歴
イ 教育歴
　乳児期
　不就学・就学猶予
　小学校（普通学級・特別支援学級・特別支援学校）
　中学校（普通学級・特別支援学級・特別支援学校）
　高 校（普通学級・特別支援学校）
ウ 職歴

エ 治療歴（書ききれない場合は⑬「備考」欄に記入してください。）　（※ 同一医療機関の入院・外来は分けて記入してください。）

医療機関名	治療期間	入院・外来	病名	主な療法	転帰（軽快・悪化・不変）
	年 月～ 年 月	入院・外来			
	年 月～ 年 月	入院・外来			
	年 月～ 年 月	入院・外来			
	年 月～ 年 月	入院・外来			

⑩ 障 害 の 状 態　（平成　年 月 日 現症）

ア 現在の病状又は状態像（該当のローマ数字、英数字を○で囲んでください。）
前回の診断書の記載時との比較（前回の診断書を作成している場合は記入してください。）
　1 変化なし　2 改善している　3 悪化している　4 不明
Ⅰ 抑うつ状態
　1 思考・運動制止　2 刺激性、興奮　3 憂うつ気分
　4 自殺企図　5 希死念慮
　6 その他（　　　　）
Ⅱ そう状態
　1 行為心迫　2 多弁・多動　3 気分（感情）の異常な高揚・刺激性
　4 観念奔逸　5 易怒性・被刺激性亢進　6 誇大妄想
　7 その他（　　　　）
Ⅲ 幻覚妄想状態等
　1 幻覚　2 妄想　3 させられ体験　4 思考形式の障害
　5 苦しい奇異な行為　6 その他（　　　　）
Ⅳ 精神運動興奮状態及び昏迷の状態
　1 興奮　2 昏迷　3 拒絶・拒食　4 滅裂思考
　5 衝動行為　6 自傷　7 無動・無反応
　8 その他（　　　　）
Ⅴ 統合失調症等残遺状態
　1 自閉　2 感情の平板化　3 意欲の減退
　4 その他（　　　　）
Ⅵ 意識障害・てんかん
　1 意識混濁　2 （夜間）せん妄　3 もうろう　4 錯乱
　5 てんかん発作　6 不機嫌症
　・てんかん発作の状態　※発作のタイプ記入上の注意参照
　1 てんかん発作のタイプ（A・B・C・D）
　2 てんかん発作の頻度（年間　回、月平均　回、週平均　回　程度）
Ⅶ 知能障害等
　1 知的障害　ア 軽度　イ 中等度　ウ 重度　エ 最重度
　2 認知症　ア 軽度　イ 中等度　ウ 重度　エ 最重度
　3 高次脳機能障害
　　ア 失行　イ 失認
　　ウ 記憶障害　エ 注意障害　オ 遂行機能障害　カ 社会的行動障害
　4 学習障害　ア 読み書き　ウ 計算　エ その他（　　　　）
　5 その他（　　　　）
Ⅷ 発達障害関連症状
　1 相互的な社会関係の質的障害　2 言語コミュニケーションの障害
　3 限定し常同的で反復的な関心と行動　4 その他（　　　　）
Ⅸ 人格変化
　1 欠陥状態　2 無関心　3 無為
　4 その他症状等（　　　　）
Ⅹ 乱用、依存等（薬物等名：　　　　）
　1 乱用　2 依存
ⅩⅠ その他（　　　　）

イ 左記の状態について、その程度・症状・処方薬等を具体的に記載してください。

(お願い)臨床所見等は、診療録に基づいてわかる範囲で記入してください。

(お願い)太文字の欄は、記入漏れがないように記入してください。

本人の障害の程度及び状態に無関係な欄には記入する必要はありません。(無関係な欄は、斜線により抹消してください。)

(25.5)

資料 ❸ ▷ 国民年金・厚生年金保険診断書

ウ 日常生活状況
1 家庭及び社会生活についての具体的な状況
　(ア) 現在の生活環境（該当するもの一つを○で囲んでください。）
　　　入院 ・ 入所 ・ 在宅 ・ その他（　　　）
　　　（施設名　　　　　　　　　　　）
　　　同居者の有無　（　有 ・ 無　）

　(イ) 全般的状況（家族及び家族以外の者との対人関係についても
　　　具体的に記入してください。）
[　　　　　　　　　　　　　　　　　　　　　　　　　]

2 日常生活能力の判定（該当するものにチェックしてください。）
　（判断にあたっては、単身で生活するとしたら可能かどうかで判断してください。）

(1) 適切な食事ー配膳などの準備も含めて通常用量をバランスよく摂ることがほぼできるなど。
　□できる　□自発的にできるが時には助言や指導を必要とする　□自発的かつ適正に行うことはできないが助言や指導があればできる　□助言や指導をしてもできない若しくは行わない

(2) 身辺の清潔保持ー洗面、洗髪、入浴等の身体の衛生保持や着替え等ができる。また、自宅の清掃や片付けができるなど。
　□できる　□自発的にできるが時には助言や指導を必要とする　□自発的かつ適正に行うことはできないが助言や指導があればできる　□助言や指導をしてもできない若しくは行わない

(3) 金銭管理と買い物ー金銭を独力で適切に管理し、やりくりがほぼできる。また、一人で買い物も可能であり、計画的な買い物がほぼできる。
　□できる　□おおむねできるが時には助言や指導を必要とする　□助言や指導があればできる　□助言や指導をしてもできない若しくは行わない

(4) 通院と服薬（要・不要）ー規則的に通院や服薬を行い、病状等を主治医に伝えることができる。
　□できる　□おおむねできるが時には助言や指導を必要とする　□助言や指導があればできる　□助言や指導をしてもできない若しくは行わない

(5) 他人との意思伝達及び対人関係ー他人の話を聞く、自分の意思を相手に伝える、集団的行動が行えるなど。
　□できる　□おおむねできるが時には助言や指導を必要とする　□助言や指導があればできる　□助言や指導をしてもできない若しくは行わない

(6) 身辺の安全保持及び危機対応ー事故等の危険から身を守る能力があり、通常と異なる事態となった時に他人に援助を求めるなどを含めて、適正に対応ができるなど。
　□できる　□おおむねできるが時には助言や指導を必要とする　□助言や指導があればできる　□助言や指導をしてもできない若しくは行わない

(7) 社会性ー銀行での金銭の出し入れや公共施設の利用が一人で可能。また、社会生活に必要な手続きが行えるなど。
　□できる　□おおむねできるが時には助言や指導を必要とする　□助言や指導があればできる　□助言や指導をしてもできない若しくは行わない

3 日常生活能力の程度（該当するもの一つを○で囲んでください。）
※ 日常生活能力の程度を記載する際には、状態をもっとも適切に記載できる（精神障害）又は（知的障害）のどちらかを使用してください。

(精神障害)
(1) 精神障害（病的体験・残遺症状・認知障害・性格変化等）を認めるが、社会生活は普通にできる。

(2) 精神障害を認め、家庭内での日常生活は普通にできるが、社会生活には、援助が必要である。
　（たとえば、日常的な家事をこなすことはできるが、状況や手順が変化したりすると困難を生じることがある。社会行動や自発的な行動が適切に出来ないこともある。金銭管理はおおむねできる場合など。）

(3) 精神障害を認め、家庭内での単純な日常生活はできるが、時に応じて援助が必要である。
　（たとえば、習慣化した外出はできるが、家事をこなすために助言や指導を必要とする。社会的な対人交流は乏しく、自発的な行動に困難がある。金銭管理ができない場合など。）

(4) 精神障害を認め、日常生活における身のまわりのことも、多くの援助が必要である。
　（たとえば、著しく適応を欠く行動が見られたり、自発的な発言がない、あっても発言内容が不適切であったり不明瞭であったりする。金銭管理ができない場合など。）

(5) 精神障害を認め、身のまわりのこともほとんどできないため、常時の援助が必要である。
　（たとえば、家庭内生活においても、食事や身のまわりのことを自発的にすることができない。また、在宅の場合に通院等の外出には、付き添いが必要な場合など。）

(知的障害)
(1) 知的障害を認めるが、社会生活は普通にできる。

(2) 知的障害を認め、家庭内での日常生活は普通にできるが、社会生活には、援助が必要である。
　（たとえば、簡単な漢字は読み書きでき、会話も意思の疎通が可能であるが、抽象的なことは難しい。身辺生活も一人でできる程度。）

(3) 知的障害を認め、家庭内での単純な日常生活はできるが、時に応じて援助が必要である。
　（たとえば、ごく簡単な読み書きや計算はでき、助言などがあれば作業もできる。具体的指示であれば理解でき、身辺生活についてもおおむね一人でできる程度。）

(4) 知的障害を認め、日常生活における身のまわりのことも、多くの援助が必要である。
　（たとえば、簡単な文字や数字の理解は困難で、保護的環境であれば単純作業は可能である。習慣化していることであれば言葉の指示を理解し、身辺生活についても部分的にできる程度。）

(5) 知的障害を認め、身のまわりのこともほとんどできないため、常時の援助が必要である。
　（たとえば、文字や数の理解力がほとんど無く、簡単な手伝いもできない。言葉による意思の疎通はほとんど不可能であり、身辺の処理も一人ではできない程度。）

エ　現症時の就労状況
○勤務先　・一般企業　・就労支援施設　・その他（　　　　）
○雇用体系　・障害者雇用　・一般雇用　・自営　・その他（　　　）
○勤続年数（　　年　　ヶ月）　○仕事の頻度（週に・月に（　　）日）
○ひと月の給与（　　　　　　円程度）
○仕事の内容
○仕事場での援助の状況や意思疎通の状況

オ　身体所見（神経学的な所見を含む。）

カ　臨床検査（心理テスト・認知検査、知的障害の場合は、知能指数、精神年齢を含む。）

キ　福祉サービスの利用状況（障害者自立支援法に規定する自立訓練、共同生活援助、共同生活介護、在宅介護、その他障害福祉サービス等）

⑪ 現症時の日常生活活動能力及び労働能力
（必ず記入してください。）

⑫ 予　後
（必ず記入してください。）

⑬ 備　考

上記のとおり、診断します。　　平成　　年　　月　　日
病院又は診療所の名称　　　　　　　　診療担当科名
所　在　地　　　　　　　　　　　　　医師氏名　　　　　　　　印

資料❸ ▷ 国民年金・厚生年金保険診断書

（診断書を作成していただく医師に手渡すまでは、「記入上の注意」は切り離さないでください。）

記入上の注意

1 この診断書は、傷病の性質上、原則、精神保健指定医又は精神科を標ぼうする医師に記入していただくことになっています。ただし、てんかん、知的障害、発達障害、認知症、高次脳機能障害など診療科が多岐に分かれている疾患について、小児科、脳神経外科、神経内科、リハビリテーション科、老年科などを専門とする医師が主治医となっている場合、これらの科の医師であっても、精神・神経障害の診断又は治療に従事している医師であれば記入可能です。

2 この診断書は、国民年金又は厚生年金保険の障害給付を受けようとする人が、その年金請求書に必ず添えなければならない書類の一つで、初診日から1年6月を経過した日（その期間内に治ったときは、その日）において、国民年金法施行令別表又は厚生年金保険法施行令別表（以下「施行令別表」という。）に該当する程度の障害の状態にあるかどうか、又は、初診日から1年6月を経過した日において、施行令別表に該当する程度の障害の状態でなかった者が、65歳に到達する日の前日までの間において、施行令別表に該当する程度の障害の状態に至ったかどうかを証明するものです。

〔また、この診断書は、国民年金又は厚生年金保険の年金給付の加算額の対象者となろうとする人等についても、障害の状態が施行令別表に該当する程度にあるかどうかを証明するものです。〕

3 ③の欄は、この診断書を作成するための診断日ではなく、本人が障害の原因となった傷病について初めて医師の診療を受けた日を記入してください。前に他の医師が診察している場合は、本人の申立てによって記入してください。

4 「障害の状態」の欄は、次のことに留意して記入してください。
　(1) 本人の障害の程度及び状態に無関係な欄には記入する必要がありません。（無関係な欄は、斜線により抹消してください。）
　　　なお、該当欄に記入しきれない場合は、別に紙片をはりつけてそれに記入してください。
　(2) 現在の病状又は状態像の「前回の診断書の記載時との比較」については、前回の診断書を作成している場合は記入してください。
　(3) 知能障害の場合は、知能指数（又は精神年齢）と検査日を⑩の欄の「カ　臨床検査」欄に必ず記入してください。
　(4) てんかんの発作回数は、過去2年間の状態あるいは、おおむね今後2年間に予想される状態を記入してください。
　　　また、てんかんの発作の欄は、下記の発作のタイプを参考にしてA〜Dを○で囲んでください。
　　　　A：意識障害を呈し、状況にそぐわない行為を示す発作
　　　　B：意識障害の有無を問わず、転倒する発作
　　　　C：意識を失い、行為が途絶するが、倒れない発作
　　　　D：意識障害はないが、随意運動が失われる発作

5 「①障害の原因となった傷病名」欄に神経症圏（ICD－10コードが「F4」）の傷病名を記入した場合で、「統合失調症、統合失調症型障害及び妄想性障害」または「気分(感情)障害」の病態を示しているときは、「⑬備考」欄にその旨と、示している病態のICD－10コードを記入してください。

6 高次脳機能障害による失語障害があるときは、「言語機能の障害用」の診断書が必要になります。

204

資料❹ ▷ 病歴・就労状況等申立書

病歴・就労状況等申立書　　No.　－　枚中

（請求する病気やけがが複数ある場合は、それぞれ用紙を分けて記入してください。）

病歴状況	傷病名	
発病日	昭和・平成　　年　　月　　日	初診日　昭和・平成　　年　　月　　日

記入する前にお読みください。
- 次の欄には障害の原因となった病気やけがについて、発病したときから現在までの経過を年月日順に期間をあけずに記入してください。
- 受診していた期間は、通院期間、受診回数、入院期間、治療経過、医師から指示された事項、転医・受診中止の理由、日常生活状況、就労状況などを記入してください。
- 受診していなかった期間は、その理由、自覚症状の程度、日常生活状況、就労状況などについて具体的に記入してください。
- 健康診断などで障害の原因となった病気やけがについて指摘されたことも記入してください。
- 同一の医療機関を長期間受診していた場合、医療機関を長期間受診していなかった場合、発病から初診までが長期間の場合は、その期間を3年から5年ごとに区切って記入してください。

1	昭和・平成　年　月　日から 昭和・平成　年　月　日まで 受診した ・ 受診していない 医療機関名	発病したときの状態と発病から初診までの間の状況（先天性疾患は出生時から初診まで）
2	昭和・平成　年　月　日から 昭和・平成　年　月　日まで 受診した ・ 受診していない 医療機関名	左の期間の状況
3	昭和・平成　年　月　日から 昭和・平成　年　月　日まで 受診した ・ 受診していない 医療機関名	左の期間の状況
4	昭和・平成　年　月　日から 昭和・平成　年　月　日まで 受診した ・ 受診していない 医療機関名	左の期間の状況
5	昭和・平成　年　月　日から 昭和・平成　年　月　日まで 受診した ・ 受診していない 医療機関名	左の期間の状況

※裏面も記入してください。

資料 ❹ ▷ 病歴・就労状況等申立書

就労・日常生活状況	1. 障害認定日（初診日から1年6月目またはそれ以前に治った場合は治った日）頃と 2. 現在（請求日頃）の就労・日常生活状況等について該当する太枠内に記入してください。

1. 障害認定日（昭和・平成　　年　　月　　日）頃の状況を記入してください。

<table>
<tr><td rowspan="4">就労状況</td><td rowspan="3">就労していた場合</td><td>職種（仕事の内容）を記入してください。</td><td colspan="2"></td></tr>
<tr><td>通勤方法を記入してください。</td><td colspan="2">通勤方法
通勤時間（片道）　　時間　　分</td></tr>
<tr><td>出勤日数を記入してください。</td><td colspan="2">障害認定日の前月　　日　　障害認定日の前々月　　日</td></tr>
<tr><td>就労していなかった場合</td><td>仕事中や仕事が終わった時の身体の調子について記入してください。

仕事をしていなかった（休職していた）理由をすべて〇で囲んでください。
なお、オを選んだ場合は、具体的な理由を（　）内に記入してください。</td><td colspan="2">ア　体力に自信がなかったから
イ　医師から働くことを止められていたから
ウ　働く意欲がなかったから
エ　働きたかったが適切な職場がなかったから
オ　その他（理由　　　　　　　　　　　　　　　）</td></tr>
<tr><td colspan="2">日常生活状況</td><td>日常生活の制限について、該当する番号を〇で囲んでください。
　1→自発的にできた
　2→自発的にできたが援助が必要だった
　3→自発的にできないが援助があればできた
　4→できなかった</td><td colspan="2">着替え（1・2・3・4）　洗面（1・2・3・4）
トイレ（1・2・3・4）　入浴（1・2・3・4）
食事　（1・2・3・4）　散歩（1・2・3・4）
炊事　（1・2・3・4）　洗濯（1・2・3・4）
掃除　（1・2・3・4）　買い物（1・2・3・4）</td></tr>
<tr><td colspan="2"></td><td>その他日常生活で不便に感じたことがありましたら記入してください。</td><td colspan="2"></td></tr>
</table>

2. 現在（請求日頃）の状況を記入してください。

<table>
<tr><td rowspan="4">就労状況</td><td rowspan="3">就労していた場合</td><td>職種（仕事の内容）を記入してください。</td><td></td></tr>
<tr><td>通勤方法を記入してください。</td><td>通勤方法
通勤時間（片道）　　時間　　分</td></tr>
<tr><td>出勤日数を記入してください。</td><td>請求日の前月　　日　　請求日の前々月　　日</td></tr>
<tr><td>就労していなかった場合</td><td>仕事中や仕事が終わった時の身体の調子について記入してください。

仕事をしていない（休職している）理由をすべて〇で囲んでください。
なお、オを選んだ場合は、具体的な理由を（　）内に記入してください。</td><td>ア　体力に自信がないから
イ　医師から働くことを止められているから
ウ　働く意欲がないから
エ　働きたいが適切な職場がないから
オ　その他（理由　　　　　　　　　　　　　　　）</td></tr>
<tr><td colspan="2">日常生活状況</td><td>日常生活の制限について、該当する番号を〇で囲んでください。
　1→自発的にできる
　2→自発的にできたが援助が必要である
　3→自発的にできないが援助があればできる
　4→できない</td><td>着替え（1・2・3・4）　洗面（1・2・3・4）
トイレ（1・2・3・4）　入浴（1・2・3・4）
食事　（1・2・3・4）　散歩（1・2・3・4）
炊事　（1・2・3・4）　洗濯（1・2・3・4）
掃除　（1・2・3・4）　買い物（1・2・3・4）</td></tr>
<tr><td colspan="2"></td><td>その他日常生活で不便に感じていることがありましたら記入してください。</td><td></td></tr>
<tr><td colspan="2">障害者手帳</td><td>障害者手帳の交付を受けていますか。

交付されている障害者手帳の交付年月日、等級、障害名を記入してください。
その他の手帳の場合は、その名称を（　）内に記入してください。
※略字の意味
　身→身体障害者手帳　　療→療養手帳
　精→精神障害者保健福祉手帳　他→その他の手帳</td><td>1　受けている　　2　受けていない　　3　申請中
① 身・精・療・他（　　　　　　　　　　　）
　 昭和・平成　　年　　月　　日　（　　　級）
　 障害名（　　　　　　　　　　　　　　　）
② 身・精・療・他（　　　　　　　　　　　）
　 昭和・平成　　年　　月　　日　（　　　級）
　 障害名（　　　　　　　　　　　　　　　）</td></tr>
</table>

上記のとおり相違ないことを申し立てます。　　　　　　　　　　　　※請求者本人が署名する場合、押印は不要です。

　平成　　年　　月　　日　　　　　請求者　現住所

　代筆者　氏　名　　　　　　　　　　　　　　氏　名　　　　　　　　　　　　　　㊞
　　　　　請求人からみた続柄（　　　）　　　電話番号　　　－　　　－

資料❺ ▷ 生活保護法による保護申請書

様式第12号

生活保護法による保護申請書

現在住んでいるところ						現在のところに住み始めた時期 　　年　　　月　　　日			※福祉事務所受付年月日
家族の状況	人員	氏　　名	続柄	性別	年齢	生年月日	学歴	職業	健康状態	
^	1		世帯主							
^	2									※町村役場受付年月日
^	3									^
^	4									^
^	5									^
^	6									^
^	7									^
^	8									^

家族のうち別なところに住んでいる者があるときはその名前と住んでいるところ			

資産の状況（別添1）	収入の状況（別添2）	関係先照会への同意（別添3）	
援助をしてくれる者の状況	世帯主又は家族との関係	氏　名	住　　　所	今まで受けた援助及び将来の見込

保護を申請する理由（具体的に記入して下さい。）

上記のとおり相違ないので、生活保護法による保護を申請します。
　　　　年　　　月　　　日
　　　　　　　　　　　申請者住所
　　　　　　　　　　　氏名　　　　　　　　　　　㊞
　　　　　　　　　　　保護を受けようとする者との関係
　　　　福祉事務所長殿

（記入上の注意）
1　※印欄には記入しないで下さい。
2　申請者と保護を受けようとする者が異なる場合には、別添の書類は保護を受けようとする者に記入してもらって下さい。
3　不実の申請をして不正に保護を受けた場合、生活保護法第85条又は刑法の規定によって処罰されることがあります。
（注）　この申請書は開始、変更いずれの場合にも用いるものとし、変更申請の場合は、変更にかかる事項を記入させ、別添1から3のうち必要なものを添付させること。

(別添1)

（表　面）

資　産　申　告　書

福祉事務所長　殿

年　月　日

氏　名　　　　　㊞

現在の私の世帯の資産の保有状況は、下記のとおり相違ありません。

1　不動産

			延面積	所有者氏名	所　在　地	抵当権
土地	(1)	宅　地	有・無			有・無
	(2)	田　畑	有・無			有・無
	(3)	山　林 その他	有・無			有・無

			延面積	所有者氏名	所　在　地	抵当権
建物	(1)居住用	持　家 借家・借間 〔いずれかを○で囲んで下さい〕			（家賃　　円）	有・無
	(2)	その他	有・無			有・無

2　現金・預貯金、有価証券等

現　　金	有・無	円				
預　貯　金	有・無	預金先	口座番号	口座氏名	預貯金額	
有価証券	有・無	種　　類		額　　面		評価概算額

（記入に当たっては裏面の記入上の注意をよくお読み下さい。）

（裏　面）

		契　　約　　先	契　約　金	保　険　料
生　命　保　険	有・無			
その他の保険	有・無			

3　その他の資産

		使用状況	所有者氏名	車　　種	排気量	年　式
自　動　車 （自動二輪を 含む）	有・無	使　用 未　使　用				
貴　金　属	有・無	品　　名				
そ　の　他 高価なもの	有・無					

4　負債（借金）

有・無	金　額	借　入　先

（記入上の注意）
(1)　この申告書は、保護を受けようとする者が記入して下さい。
(2)　資産の種類ごとにその有無について○で囲んで下さい。土地については借地等の場合も記入して下さい。
(3)　有を○で囲んだ資産については、下記に従って記入して下さい。
　　① 同じ種類の資産を複数所有している場合は、そのすべてを記入して下さい。
　　② 有価証券は、例えば「株券、国債」等と記入し、その評価概算額は現在売却した場合のおおよその金額を記入して下さい。
　　③ 貴金属は例えば「ダイヤの指輪」等と記入して下さい。
(4)　書ききれない場合は、余白に記入するか又は別紙に記入の上添付して下さい。
(5)　不実の申告をして不正に保護を受けた場合、生活保護法第85条又は刑法の規定によって処罰されることがあります。

(別添2)

（表　面）

収　入　申　告　書

福祉事務所長　殿

年　月　日

氏　名　　　　　　　㊞

私の世帯の総収入は、下記のとおり相違ありません。

1　働いて得た収入

働いている者の名前	仕事の内容勤め先（会社名）等	区　分	当月分（見込額）	前3か月分		
				（　）月分	（　）月分	（　）月分
		収　入				
		必要経費①				
		就労日数				
		収　入				
		必要経費②				
		就労日数				
		収　入				
		必要経費③				
		就労日数				
必要経費（前月分）の主な内容	①					
	②					
	③					

2　恩給・年金等による収入（受けているものを○で囲んで下さい。）

有・無	国民年金、厚生年金、恩給、児童手当、児童扶養手当、特別児童扶養手当、雇用保険、傷病手当金、その他（　　　　　　）	収入額	月額　　　　円年額　　　　円

3　仕送りによる収入（前3か月間の合計を記入して下さい。）

有・無		内　　容	仕送りした者の氏名
	仕送りによる収入	円	
	現物による収入	米、野菜、魚介（もらったものを○で囲んで下さい。）	

（記入に当たっては裏面の記入上の注意をよくお読み下さい。）

（裏　面）

4　その他の収入（前3か月間の合計を記入して下さい。）

有・無		内　　　　容	収　入
	生命保険等の給付金		円
	財　産　収　入 (土地、家屋の賃貸料等)		円
	そ　　の　　他		円

5　その他将来において見込みのある収入（上記1～4に記入したものを除く。）

有・無	内　　　　　　容	収入見込額
		円

6　働いて得た収入がない者（義務教育終了前の者は記入する必要はありません。）

氏　　　名	働いて得た収入のない理由

（記入上の注意）
(1)　この申告書は、保護を受けようとする者が記入して下さい。
(2)　「1　働いて得た収入」は、給与、日雇、内職、農業、事業等による収入の種類ごとに記入して下さい。
(3)　農業収入については、前1年間の総収入のみを当月分の欄に記入して下さい。
(4)　必要経費欄には収入を得るために必要な交通費、材料代、仕入代、社会保険料等の経費の総額を記入して下さい。
(5)　2～5の収入は、その有無について○で囲んで下さい。有を○で囲んだ収入については、その右欄にも記入して下さい。
(6)　書ききれない場合は、余白に記入するか又は別紙に記入の上添付して下さい。
(7)　収入のうち証明書等の取れるもの（例えば勤務先の給与証明書等、各種保険支払通知書等）は、この申告書に必ず添付して下さい。
(8)　不実の申告をして不正に保護を受けた場合、生活保護法第85条又は刑法の規定によって処罰されることがあります。

資料❽ ▷ 診断書（精神障害者保健福祉手帳用）

（別紙様式2）

診断書（精神障害者保健福祉手帳用）

氏　　　　名		明治・大正・昭和・平成 　　　年　　月　　日生（　歳）
住　　　　所		
① 病名 　（ＩＣＤコードは、右の病名と対応するF00～F99、G40のいずれかを記載）	(1) 主たる精神障害＿＿＿＿＿ＩＣＤコード（　） (2) 従たる精神障害＿＿＿＿＿ＩＣＤコード（　） (3) 身体合併症 　身体障害者手帳（有・無、種別　　　級）	
② 初診年月日	主たる精神障害の初診年月日 　昭和・平成　　　　年　　　月　　　日 診断書作成医療機関の初診年月日 　昭和・平成　　　　年　　　月　　　日	
③ 発病から現在までの病歴及び治療の経過、内容（推定発病年月、発病状況、初発症状、治療の経過、治療内容などを記載する）	（推定発病時期　　　年　　　月頃） ＊器質性精神障害（認知症を除く）の場合、発症の原因となった疾患名とその発症日 （疾患名　　　　　　　　　　　　　年　　　月　　　日）	
④ 現在の病状、状態像等（該当する項目を○で囲む） 　(1) 抑うつ状態 　　1 思考・運動抑制　2 易刺激性、興奮　3 憂うつ気分　4 その他（　　　） 　(2) 躁状態 　　1 行為心拍　2 多弁　3 感情高揚・易刺激性　4 その他（　　　） 　(3) 幻覚妄想状態 　　1 幻覚　2 妄想　3 その他（　　　） 　(4) 精神運動興奮及び昏迷の状態 　　1 興奮　2 混迷　3 拒絶　4 その他（　　　） 　(5) 統合失調症等残遺状態 　　1 自閉　2 感情平板化　3 意欲の減退　4 その他（　　　） 　(6) 情動及び行動の障害 　　1 爆発性　2 暴力・衝動行為　3 多動　4 食行動の異常　5 チック・汚言 　　6 その他（　　　） 　(7) 不安及び不穏 　　1 強度の不安・恐怖感　2 強迫体験　3 心的外傷に関連する症状 　　4 解離・転換症状　5 その他（　　　） 　(8) てんかん発作等（けいれんおよび意識障害） 　　1 てんかん発作　発作型（　　）　頻度（　　）　最終発作（　年　月　日） 　　2 意識障害　3 その他（　　　） 　(9) 精神作用物質の乱用及び依存等 　　1 アルコール　2 覚せい剤　3 有機溶剤　4 その他（　　　） 　　　ア 乱用　イ 依存　ウ 残遺性・遅発性精神病性障害（状態像を該当項目に再掲すること）		

資料❽ ▷ 診断書（精神障害者保健福祉手帳用）

　　　エその他（　　　　　）
　　現在の精神作用物質の使用　有・無（不使用の場合、その期間　年　月から）
　(10)　知能・記憶・学習・注意の障害
　　1 知的障害（精神遅滞）
　　　ア軽度　イ中等度　ウ重度療育手帳（有・無、等級等　　　）
　　2 認知症　3 その他の記憶障害（　　　　　　）
　　4 学習の困難　ア読み　イ書き　ウ算数　エその他（　　　　）
　　5 遂行機能障害　6 注意障害　7 その他（　　　）
　(11)　広汎性発達障害関連症状
　　1 相互的な社会関係の質的障害
　　2 コミュニケーションのパターンにおける質的障害
　　3 限定した常同的で反復的な関心と活動　4 その他（　　　　）
　(12)　その他（　　　　）

⑤　④の病状・状態像等の具体的程度、症状、検査所見　等

［検査所見：検査名、検査結果、検査時期］

⑥　生活能力の状態（保護的環境ではない場合を想定して判断する。児童では年齢相応の能力と比較の上で判断する）
　1　現在の生活環境
　　　入院・入所（施設名　　　　　　　）・在宅（ア　単身・イ　家族等と同居）
　　　・その他（　　　　）
　2　日常生活能力の判定（該当するもの一つを○で囲む）
　　(1)　適切な食事摂取
　　　　自発的にできる・自発的にできるが援助が必要・援助があればできる・できない
　　(2)　身辺の清潔保持、規則正しい生活
　　　　自発的にできる・自発的にできるが援助が必要・援助があればできる・できない
　　(3)　金銭管理と買物
　　　　適切にできる・おおむねできるが援助が必要・援助があればできる・できない
　　(4)　通院と服薬（要・不要）
　　　　適切にできる・おおむねできるが援助が必要・援助があればできる・できない
　　(5)　他人との意思伝達・対人関係
　　　　適切にできる・おおむねできるが援助が必要・援助があればできる・できない
　　(6)　身辺の安全保持・危機対応
　　　　適切にできる・おおむねできるが援助が必要・援助があればできる・できない
　　(7)　社会的手続や公共施設の利用
　　　　適切にできる・おおむねできるが援助が必要・援助があればできる・できない
　　(8)　趣味・娯楽への関心、文化的社会的活動への参加
　　　　適切にできる・おおむねできるが援助が必要・援助があればできる・できない
　3　日常生活能力の程度
　　　（該当する番号を選んで、どれか一つを○で囲む）
　　(1)　精神障害を認めるが、日常生活及び社会生活は普通にできる。
　　(2)　精神障害を認め、日常生活又は社会生活に一定の制限を受ける。
　　(3)　精神障害を認め、日常生活に著しい制限を受けており、時に応じて援助を必要とする。
　　(4)　精神障害を認め、日常生活に著しい制限を受けており、常時援助を必要とする。
　　(5)　精神障害を認め、身の回りのことはほとんどできない。

⑦	⑥の具体的程度、状態等
⑧	現在の障害福祉等のサービスの利用状況 （障害者の日常生活及び社会生活を総合的に支援するための法律（平成17年法律第123号）に規定する自立訓練（生活訓練）、共同生活援助（グループホーム）、居宅介護（ホームヘルプ）、その他の障害福祉サービス、訪問指導、生活保護の有無等）
⑨	備考

上記のとおり、診断します。　　　　　　　　　　　平成　　年　　月　　日
医療機関の名称
医療機関所在地
電話番号
診療科担当科名
医師氏名（自署又は記名捺印）　　　　　　　　　　　　　　　印

おわりに

「命綱ですね……」

　これは、一人の精神障害のある人が、経済保障のことを比喩的に表現したものです。その人は、精神障害と折り合いをつけながら、民間企業で働いていらっしゃいます。その働く理由は、経済的な安定のために、社会とのつながりを断ち切らないために、そして、自分自身の生きがいを感じられるために、だそうです。とはいえ、その前提として、経済保障を利用しているからこそ、無理なく、安心して働くことができる、と言われます。

　さて、本書を通して、私たちが伝えたかったことは、「知る」ということの大切さです。ある家族会の会長さんは、「知らない不幸をなくしたい」と、常々口癖のように語られます。でも、その「知る」とは、大変奥深いことです。「知る」から「利用する」へ。そして、「価値観の多様性・価値観の再構築」につながることによって、人は、社会において、客体ではなく、主体として「生きる」ことができます。本書が、日本中、いや、世界中を旅することによって、多くの精神障害のある本人や家族の知らない不幸をなくすことに役立てば、と願っています。

　本書は、執筆者と編集者全員が、メール等に加えて、編集会議で、直接顔を合わせ、活発な議論を繰り広げながらつくり上げました。その編集会議は、なんと約1年の間に、数えること計5回です。みんなで、実践的な本にすることを目指したことから、互いの文章に対しても、遠慮なくコメントを出し合いました。そして、2015年6月、本書が完成したのです。本書は、社会的に意義深いものになったと自負しています。ぜひ、精神障害のある人の支援者の方々には、本書をきっかけにして、経済保障について関心をもっていただけると幸いです。

　最後になりましたが、コラム等の記事でご協力をいただきました当事者の方々、そして、本書の企画から出版まで、絶大なる支援をしてくださいました中央法規出版に対し、感謝申し上げます。

執筆者一覧
(五十音順)

青木聖久(あおき・きよひさ) ………… 編著者
[第1章、第4章、はじめに、本書の構成と活用の仕方、おわりに]
日本福祉大学教授/社会福祉学博士
精神保健福祉士

1965年、兵庫県淡路島生まれ。日本福祉大学社会福祉学部を卒業(1988年)後、精神保健福祉分野のソーシャルワーカーとして、岡山・神戸の精神科病院、兵庫県内の小規模作業所の所長として、計18年間勤務。2006年より現任校。2004年に京都府立大学大学院福祉社会学研究科修士課程修了、2012年に龍谷大学大学院社会学研究科博士後期課程修了。日本精神保健福祉士養成校協会理事・事務局長、全国精神保健福祉会連合会(家族会)理事、日本精神保健福祉学学会理事、等
・単著『精神障害者の生活支援―障害年金に着眼した協働的支援』法律文化社(2013年)
・共編著『新 社会人のための精神保健福祉士』学文社(2014年)
・共著(責任編集委員)『新・精神保健福祉士養成講座6 精神保健福祉に関する制度とサービス(第4版)』中央法規出版(2015年)
・単著『第3版 精神保健福祉士の魅力と可能性』やどかり出版(2015年)、他

越智あゆみ(おち・あゆみ)
[第2章4・8〜11、第3章Q33・34・44〜50]
県立広島大学講師/社会福祉学博士
精神保健福祉士・社会福祉士

広島女子大学生活科学部を卒業(2000年)後、社会福祉協議会に勤務しながら、2003年に県立広島女子大学大学院生活科学研究科修士課程修了。2006年から県立広島大学保健福祉学部に勤務。2011年に日本社会事業大学大学院社会福祉学研究科博士後期課程修了。
・単著『福祉アクセシビリティーソーシャルワーク実践の課題―』相川書房(2011年)
・共著『精神保健福祉士への道〜人権と社会正義の確立を目指して〜』久美出版(2009年)、他

風間朋子(かざま・ともこ)
[第2章2・3・5、第3章Q16〜32・35]
関西学院大学准教授/社会福祉学博士
精神保健福祉士・社会福祉士

2005年3月、東京都立大学大学院社会科学研究科社会福祉学専攻修士課程修了、2010年3月、首都大学東京大学院社会科学研究科社会福祉学専攻博士課程修了、2010年4月より立正大学社会福祉学部、2014年4月より現任校。
・「精神障害者家族の機能とその変遷―精神障害者福祉関連法の家族規定を手がかりに―」(博士学位論文 2010年)
・共著『新・精神保健福祉士養成講座6 精神保健福祉に関する制度とサービス(第4版)』中央法規出版(2015年)、他

高橋裕典(たかはし・やすのり)
[第2章1・6・7、第3章Q1〜15・36〜43]
高橋社会保険労務管理事務所所長
社会保険労務士・介護福祉経営士

1979年、埼玉県川口市生まれ。法政大学法学部を卒業(2002年)後、社会保険庁(現:日本年金機構)に6年間勤務。2008年より高橋社会保険労務管理事務所(http://www.slmo-takahashi.com/)開業(埼玉県川口市)。埼玉県社会保険労務士会理事、大手生命保険会社教育部顧問、等
・共著『改訂版はじめて手続きをする人にもよくわかる 障害年金の知識と請求手続ハンドブック』日本法令(2014年)
・共著『鈴木さんちの障害年金物語』日本法令(2014年)、他

精神障害者の経済的支援ガイドブック
事例とQ&Aから理解する支援の意義と実務

2015年7月15日　初　版　発　行
2019年2月10日　第2版第2刷発行

編 著 者	青木聖久
著　　者	越智あゆみ・風間朋子・高橋裕典
発 行 者	荘村明彦
発 行 所	中央法規出版株式会社 〒110-0016　東京都台東区台東3-29-1　中央法規ビル 営　　業　TEL 03-3834-5817　FAX 03-3837-8037 書店窓口　TEL 03-3834-5815　FAX 03-3837-8035 編　　集　TEL 03-3834-5812　FAX 03-3837-8032 https://www.chuohoki.co.jp/
ブックデザイン	上村浩二（有限会社ダイアローグ）
本文イラスト	ひらのんさ
印刷・製本	株式会社アルキャスト

定価はカバーに表示してあります。
ISBN 978-4-8058-5233-0

本書のコピー、スキャン、デジタル化等の無断複製は、著作権法上での例外を除き禁じられています。また、本書を代行業者等の第三者に依頼してコピー、スキャン、デジタル化することは、たとえ個人や家庭内での利用であっても著作権法違反です。

落丁本・乱丁本はお取替えいたします。